有毒關係

이제 독성관계는
정리합니다

獻給雖然痛苦到想死，卻無法斷絕關係的你

權純載 권순재——著
邱琡涵——譯

自序
絕不結束的不幸——有毒關係

「我看不到任何希望，我這輩子應該就注定要過這種日子了吧。」

這位疲勞、患有慢性憂鬱、自殺傾向症狀的四十多歲未婚女性，她的這番話使我內心感到沉重。我開的處方能幫助她改善失眠，平息她偶爾爆發的情緒漩渦，但她內心的痛苦並未獲得根本性的好轉，她仍舊感受不到自己的人生有任何希望與生機。

她是工作穩定的公務員，年薪雖然不多，但足以讓她過上滿意的生活。她擁有充分的同理心和社交能力，因此也能和他人維持著不錯的關係。為了自己的目標，她認真努力，交辦的事也盡責完成。任誰看來，她都充分擁有幸福的資格。

她的問題在於身處的環境。她是一男一女中的老大，是韓國典型的長女。父親因為意外英年早逝，於是她從高中開始便擔當起家裡的支柱。她的人生並不屬於她自己，不存在青春期、叛逆期，或是尋找自我認同的過程。「妳要趕緊站穩腳步，在經濟上協助妳弟弟才行。」因為母親的這番話，她將青春和戀愛都拋到腦後，找到安穩的工作變成她唯一的人生目標。然而，她的工作還沒完。弟弟第二、第三次重考的補習費，都由她負擔；弟弟考上大學後，想要她一輩子想都不敢想的語言進修和創業。那筆創業基金是由母親貸款來的，而母親的貸款理所當然由她來付。

事情發生在弟弟結婚前幾個月的某天。母親一向不太在意她的婚事，所以不斷推遲，或對她帶回來的每任男友都感到不滿意和反對，但卻非常爽快地答應了弟弟的婚事。母親興奮的樣子讓她很不是滋味，雖然當下她還沒意識到自己的這種情緒，不過母親的下一句話就讓她爆發了。

「妳爸爸不是有留一間公寓嗎？我打算把那間給妳弟當作新婚房。好歹我們也是男方，有間房給親家看比較體面。」

感到氣憤的她，問母親要搬去哪裡住，她的母親馬上理所當然地回答：

「我？去住妳家就好啦，反正妳看起來也不想結婚。我們母女倆就像朋友一樣一起愉快地生活、一起變老吧。」

她這次再也無法忍受了。她這輩子都把自己的一切分享給家人，這是她有生以來第一次表達出反對意見，換來的卻是母親瞬間扭曲的臉與惡言，以及那把自己所有的機會與金錢，像插上吸管一般吸乾的弟弟投來的無情無義，諸如「不孝女」、「貪心的女人」、「我是怎麼把妳養大的」、「姊姊為什麼要讓媽媽那麼辛苦」等指責。更讓她感到氣餒的是，他們好像要把她身邊的人際關係也都毀掉，母親說她的改變是她現在交往的男友造成的，或說她去（她母親口中的）精神病院只學會一些糟糕的東西。

幾個月過去了，沒有什麼不一樣。她父親留下來的公寓變成了她弟弟的新婚房，她母親搬去和她一起住，交往的男友因為母親的反對分手了，她今天也過著不是自己的人生。她的家人對她毫無感謝之意，也不覺得有所虧欠與愧疚。她在外是有能力的公務員，在家卻沒有追求任何權利與幸福的資格。無論她如何探索自己的心靈、得到多少他人的安慰，只要她在這個環境裡，不幸就絕不會終結。

我們相信所有人類都是自由的，但事實上人的心靈很容易受到環境壓迫。對身為社會性動物的人類而言，環境就是人與人的關係本身。我觀察了許多那些身處於永無止盡不幸中的人後，明白了一件事：他們的身邊都有著有毒關係。在那樣的關係中，心靈再堅強的人也會變得無力、失去追求幸福的本能，最後連脫離的想法都失去，只能癱坐著痛苦呻吟。令人意外的是，這種關係並不是由詐欺犯、強盜等有犯罪傾向的陌生人所引起的，而是由一起生活、關係親密的家人、情侶、朋友、同事等造成的。

只要身邊存在著這樣的關係，人類就絕對看不見自己的內心與欲望，而會選擇放棄去擺脫痛苦，消耗所有的希望與活力來解決他人的低級野心與一時的匱乏。這種關係就像劇毒物質或細菌一樣，扮演著破壞人類心靈的角色。我稱這種在人類心靈上具傳播毒性的關係為「有毒關係」（Toxic relationships）。

有毒關係隱藏在其他正常關係之中。主導有毒關係的人，會把正常關係中某種程度的衝突與傷害當作藉口，進而主張這種反常的關係是正常的。他們將偽裝成愛的殘暴與掠奪，和包裝成集體意識的瘋狂指責與侮辱，縮小成普通關係中經常發生的衝突，反而視被犧牲者或反抗者為有問題的人。然而，在有毒關係中所發生的事，與其他正常關係中所發生的事，本質上並不相同，也與其他平凡的父母子女、兄弟姊妹、前後輩之間的關係完全不同。

人們總是相信自己的幸福快樂值高於平均，並會想要得到親近的人的愛和認同，所以當領悟到自己的犧牲或愛絕對得不到回報時，就會感到心痛與痛苦。人心是非常容易被具有毒性的人們利用與背叛的，如此一來你很快就會覺得自己是沒有價值的人，並認為人生沒有任何希望。

有些關係必須要脫離。你以為只要不失去對他們的愛，持續忍受現在的痛苦與負擔，總有一天他們就會掏出藏在內心深處的愛，補償你一直以來所經歷的悲傷，讓你找回你人生的價值——但這種你所期待像魔法般的事，是絕對不會發生的。對你有滿滿的愛的人，現在就會對你表達他的愛；現在壓迫你、讓你感到不幸的人，未來也絕對不會愛你。

若確定你們之間的關係就是有毒關係的話，

你必須要脫離才行。

目次

Chapter 3

我現在深陷在有毒關係中嗎？——測量我的有毒關係

Chapter 4

婆媳、戀人、職場的有毒關係——實戰解決方案

Chpater 5

別讓不夠格的人進入你的心——你不是他們說的那種人

Chapter 1

摧毀存在的有毒關係

—— 有毒關係的主導者、協力者、犧牲者

有毒關係不知不覺就開始了

患者K來找身為身心科醫生的我就醫

來到診療室的男性患者K是位三十五歲左右的牙科醫生。身材消瘦，穿著端莊的休閒式正裝，給人乾淨俐落的印象；但另一方面，他看起來也極度敏感且有氣無力。混濁眼鏡鏡片後的雙眼，也如鏡片一樣模糊不清。即使說句客套話，也無法說他這樣的形象會帶給人好感。

K的個性誠實細心，從未在服務的醫院中惹過麻煩，但大家對他的評價仍舊不太好。雖然他個性不是親切且善於社交，但也不會隨便對待身邊的人或病人。整體而言，他彬彬有禮，即使面對年紀比自己小的人也會使用尊稱。事情發生在公司聚餐時，一位一起共事的年輕口腔衛生師對他的穿著開了玩笑，他突然站起來咆哮道：

「對我指指點點的，你算老幾？你就那麼了不起嗎？我知道你平常就瞧不起我！」

在場的人當然全都僵住了，因為他的能力或社會地位並不到會被瞧不起的程度，而且那位同事說的話在其他人聽來也不構成什麼問題，甚至更像是親密友好的表現。但K的怒火無法平息，最後年輕同事哭著跑了出去。K逃亡似地逃離了突然散場的局，回到家後在浴室裡用蓮蓬頭水管捆住自己的脖子，要不是他的老婆察覺到後趕緊勸阻，差點就要發生可怕的憾事。

其實K不是第一次這樣因為別人的話而勃然大怒了。雖然他看起來是非常小心謹慎的人，但不經意的一句話就能讓他發脾氣。大部分K身邊的人並不知道他為何生氣，只是開始與他疏遠，K也不打算為此多做解釋。問題在於K生氣之後的心理狀態，每當碰上這樣的夜晚，K便會深陷在悲慘與羞恥的情緒中。雖然他很後悔自己發了脾氣，但聽到那些話的當下確實感到自己被侮辱與瞧不起。

我這麼問他：

「所以你也不理解自己為什麼會在那種情況下感到受侮辱和生氣吧？」

他回答道：

「不是的，醫生，我知道我為什麼生氣，以及這憤怒和受侮辱的感覺從何而來，就是因為我和我父親之間的關係。但儘管如此，我還是改變不了。我想知道的是結束這痛苦關係的方法。」

意外的是，K很清楚知道自己的問題。他的行為是如何惡化他的社會立場、為什麼他會這麼容易感覺被他人侮辱，以及這樣的問題如何搞砸自己的人生，這些問題他都可以條理分明地說明，讓精神醫學科醫師都感到驚訝。他對自身問題的優異洞察說明了他不斷努力與反省以擺脫自己的問題，但他依舊痛苦纏身，無論多麼深思自己的問題，多麼努力原諒自己，他和帶給他痛苦的父親之間的關係始終沒有改變，甚至問題到現在都還持續。我明白，K仍被折磨自己一輩子的有毒關係所束縛並痛苦著。

那天，K不知為何就成了有毒關係的犧牲者

K和父親的有毒關係可以追溯到他結束高中三年的宿舍生活，開始念大學的時候。K出生於雙親從商的家庭，度過相對平凡的青少年時期。K高中的時候

是優秀的學生，但也常聽人家說他不知變通。他總是死板地遵守校規，因此受到同學們的嫌惡，不過整體而言，他是家裡的驕傲，無論別人或他自己，都相信自己的前途一片光明。大學入學考試以優異成績考上牙醫大學後，就像多數大學生一樣，他搬到學校附近開始獨立生活。

那年，K離開鬱悶的宿舍，陶醉在二十歲大學生自由之中。他的父母在郊區做生意，並住在附近的公寓。三月，他暌違一個月後回到父母居住的家。那是他獨立生活後的一個月，坐在餐廳的K興高采烈地訴說成年男性的大學新生故事，但過了一會後他才察覺到不對勁，父母一直看也不看他一眼，也不回應他的話。這時，K的父親突然憤憤地開口了：

「你瘋了嗎？」

K傻住了，突然襲來的咒罵就像插上胸口的匕首，但他連感到疼痛的時間都沒有，只有臉變得通紅。比起痛，他更感到羞愧。因為不知道被罵的原因是什麼，K本能地開始回想自己的行為有什麼問題，肯定有什麼他不知道的原因，但他就是不明白。他好像成了不懂事的孩子，因為自己的愚蠢行為而陷入困境。本來保持沉默的K父親丟下筷子就走了，理由是沒胃口。K雖然嚇傻了，但還是吞下口中咀嚼的飯粒。這時的羞愧感從此折磨了他一輩子。

K在自己的房裡休息時，他母親叫他去主臥室，讓父親消氣。他進到臥室，父親還是看也不看他一眼，就這樣三十分鐘過去，不自在與不安的感覺讓他就快窒息了（此後，K患上嚴重的恐慌症）。就跟吃飯時一樣，K的父親不悅地開口了：

「你回來幹嘛？」

雖然是毫無頭緒的問題，但他還是回答自己是回來探望父母，並問了父親是不是心情不好。無論如何，都得要讓父親消氣才行。父親卻開始瞪著他。

「嘖！」

一瞬間，K的眼前一片空白。回過神時，只有臉上燙傷般的疼痛感，他被賞了一巴掌。K的父親以前也經常打他，但那只會在K說謊之類，明確犯錯的時候。因為有明確的形式和原因，因此也有宣告結束的某種程序。然而，剛剛的疼痛卻是出自個人的，那並不是一種程序，而是個人的報仇或暴力。像是國中生走在暗巷被高中生施暴搶錢一樣，不知道會以什麼方式進行，也不知道何時會結束，K當時就像那樣，什麼話都說不出來。他未曾想過要抵抗父親，於是在出乎意料的情況下，K的思考就停滯了。在此同時，K的父親一邊喝著啤酒，一邊看著電視上的高爾夫球比賽，然後突然問了K：

「你不知道你做錯了什麼嗎？」

K不記得自己當時回答了什麼，只記得在毫無防備下，被父親踹了胸口而在地上打滾。那天他所受到的衝擊，讓他這十多年間沒有一天不想起。然而，當時的K還想像不到，這樣的關係在十多年間的每週反覆上演。那天有毒關係開始，徹底摧毀了K的靈魂。

雖然他是精英，卻成了不折不扣的有毒關係犧牲者

有毒關係成了K的日常生活。起初，K以為週末的那件事只是一時的偶發事件。基本上他的個性還算樂觀，因此他以為那只是父親心情不好時單純的發洩。其實，暴力在他們家並不罕見。K的父親曾因為K的哥哥書念不好，當著他的面打哥哥，他哥哥也經常沒來由地對他動粗，但一直以來這些都沒有對K造成太大的傷害。因為即使理由各有不同，當時的韓國社會無論學校或是家裡，許多家庭認為只要是男生，就必須承受父親和兄長的暴力長大，這種風氣被美化為「愛之深、責之切」或「管教」。因此，這是K成長過程中熟悉的法則，K不認為自己家和別人家比起來有什麼特別的問題。然而意想不到的是，父親的異常行為不斷持續，變成了一種模式。對因為緊湊的課程而疲憊不堪的K而言，每週一次的週末休息時間漸漸變成了地獄。雖然週末經常必須要回家，但回到家後，父母卻

都不和他說話。吃飯時，父母兩人很多話聊，但卻一句話都不跟K說。當忍受不了沉默的K開口說話，他父親就會羞辱他：

「你不會看氣氛嗎？」

K的父親似乎認為K說的話不符合情況也不適當。令人不舒服的沉默籠罩，K就像朝鮮時代的長工挨揍了也要為了生活磕頭吃飯一樣，勉強咀嚼嚥下。因為他們家的潛規則是不能有人比父親先離開飯桌的，因此那段時間他都必須忍耐。事實上，和家人一起吃飯時，K幾乎沒有受過人性的對待。每個禮拜經歷這非人性且屈辱的吃飯時間，讓K的自尊心在一段時間後變得支離破碎。K週末回家，除了睡覺時間以外，都不能待在自己的房間裡，但K的父親也並沒有試圖要跟他說話。在他父親喝啤酒或父母兩人聊著經營相關的話題時，誰也沒有要和K搭話的意思。當他父親偶然和K對到眼，便會憤然開口說道：

「你為什麼在這裡？」

K無話可說，他自己也不想待在這裡。被強制拉到父親房間的他，只聽到父親問：「你來幹嘛？」不知道父親到底想要什麼。然而，K為了盡可能改善和父親之間的關係，能說的都說了，但父親卻羞辱他不是真心想說，而像在唸課本。

大約過了一個小時後，K的父親開始毫無理由地毆打K。他父親用暴力和K慢慢耗時間，造成他巨大的痛苦，或與其說是暴力，那更像是拷問。然而比起暴力，還有更令人害怕的事。

「就是讓你離開家太久，我才會不知道你在想什麼。明明是我兒子還這麼惹我討厭，那別人該有多討厭你？我這是在教育無能的你。」

這一瞬間，K的存在被生下自己的父親，同時也是和自己最相像的存在、如自己根源般的人否定了。K的內在發出東西破碎的聲音──那是在K最辛苦、沒有任何能肯定自己的依據時，也能相信自己的唯一東西。那是對自己與未來毫無懷疑的自信，也就是可稱之為自尊心的東西，現在卻破碎了。以前，K能夠毫無理由地相信他人，即使是初次見面，基本上也相信對方是帶著好意看待自己的。因此，他也能用善意的目光去看待別人。即使是初次見面的人，他也能親切地對待，因為他相信自己是應該受到愛戴的存在。然而從這天起，K失去了那個東西，連對自己的微小信任都失去了的他，再也無法相信他人。

K漸漸每到了週末，就感到憂鬱無力。課業方面也並不容易，隨著年級上升，他更是忙得不可開交。但每到週末，他父親的異常行為就會開始。要是他週末沒有回家，他父親便會毫不留情地打電話給他，然後這麼說：

「你腦袋有問題嗎？你在哪？王八蛋。」

這件事不分時機，無論是他剛結束辛苦的考試和同學一起喝一杯的時候、參加社團活動的時候，或是和初戀女友共度青春美好時光的時候，只要手機響起，看到是父親來電的瞬間，他便會失去平常心。電話一打來，為了防止父親發怒，K只能勉強自己回家，回到那個對他來說即將發生可怕事件的地方。一進到父母居住的村子口，K就會開始嘔吐，但恐懼與屈辱感讓他無法停下腳步。他不知道自己正遭受虐待，因為人生無法重來，所以除此之外，他也不知道其他活下去的方法。有毒關係就這樣侵蝕著他，他變成了有毒關係的犧牲者。

有毒關係破壞犧牲者的心靈

無力、憤怒、猜忌、羞恥、不安

就這樣過了好幾年，有毒關係從頭到腳侵蝕了K，讓他變得無力。早上起床比死還要痛苦，他明知道自己的手臂在動，只要再出一點力就能起來，但不知道為什麼就是做不到。精神上像被麻痺了一樣動彈不得，需要非常努力撐起身體才有辦法起床。後來，他從精神健康醫學科醫師那裡得知，這種症狀叫作鉛樣癱瘓（leaden paralysis），是憂鬱症常見的身體症狀。無論這個症狀叫什麼名字，他在大學時期都是出了名每堂課遲到的學生。

他變成充滿憤怒的人，認為大家都討厭他、瞧不起他，因此他也開始憎恨別人。後輩沒有打招呼，或同事們因為他的小失誤發笑，這種對一般人來說只是日常生活眾多事情中的一件小事，對他而言卻都在印證父親凌虐他時所說的話——他父親說他是不值得被愛的。

K養成了懷疑他人的習慣。若有人向他表達善意，他就認為那是在覬覦他賺來的錢與累積的社會地位。若有人做出稍微違背自己意願的行為，他就覺得自己被人瞧不起。這種心態下累積起來的憤怒，往往在意想不到的時機點爆發。K把飯局上喝醉時開的小小玩笑，當作對他的攻擊而發火的情況越來越多，於是大家開始與他斷絕往來，有機會成為朋友的人都被K變成了敵人。他被世界孤立，K真的變成了不值得被愛的人。

除了羞愧之外，憤怒也困住了K。曾經充滿自信且活潑的K，不知不覺變成對自己的一切都感到丟臉、沒有自信的人。K開始強迫性地檢查當天身邊的人以及對他們說過的話，不斷確認自己是否在對的場合說了對的話。但沒有人有辦法永遠保持彬彬有禮、對每個人講話都得宜，誰都會有或大或小的失誤，可能是小小的口誤，也可能是不知道眼前的人比自己優秀，而在他面前賣弄的丟臉經驗。這些都是每個人有可能會犯的錯，也是任何人都可能發生的事。然而，即使是那樣稀鬆平常的失誤，都會讓K感到丟臉。睡前躺在床上、早上淋浴時，他都會因為想起自己犯的失誤而感到羞愧。每當這種時刻，他就會不自覺地罵起髒話，無法自行控制每分每秒湧上的羞愧感而爆出「幹！」這種髒話，讓K看起來就像是妥瑞氏症患者。他依舊很害怕手機響起，只要手機來電顯示「爸爸」，他的心就會開始狂跳，腦袋一片空白。K的父親有個打給K但卻什麼話也不說的習慣，這是為了壓迫K和壓制氣氛。電話響起，接起電話後聽不到那頭傳來任何一句話，只清楚聽見憤怒的呼吸聲，這短暫的時間對他來說非常可怕。戰勝不了壓迫感的K便會開口詢問：

「爸，你打給我嗎？」

而他父親以那種特有的口氣回答：

「對，我打給你。」

然後K什麼話都說不出口了，因為就算問了打電話來有什麼事，也只會聽到一陣咒罵。K冷汗直流，今天又要因為什麼事被找碴？現在要馬上開車回家讓父親發洩情緒嗎？此時此刻什麼也做不了的無力感支配了他，他徹底成了有毒關係的犧牲者。

有毒關係一旦形成，便逐漸具有破壞性及不斷強化

K和父親之間的關係就是有毒關係的典型樣貌。無論是發生於家庭或職場，所有有毒關係都有幾項共同特徵。為了幫助讀者理解，我將關係中的對象分為兩種。主導有毒關係，給對方造成有毒影響、試圖操縱對方的人，稱為「主導者」；而從屬於有毒關係、被這種關係操縱並因此受害的人，則稱之為「犧牲者」。

主導者與犧牲者之間壓倒性的力量差異

有毒關係發生於力量有著壓倒性差異的主導者與犧牲者之間，即父母與子女、師長與徒弟、前輩與後輩、上司與下屬等。有毒關係越是持續，主導者與犧

牲者之間的力量差距就會越來越大。必須留意的是，這裡所指的力量差異，不僅僅是物理性的力量差異；例如讓主導者K的父親與犧牲者K之間形成有毒關係的力量差異，就不是物理性的力量差異。當時的K或許稱不上是健壯，但大致上算是健康、體力達平均標準的普通年輕人，所以即使是充斥著毆打、謾罵、人格侮辱的有毒關係，K的體力也絕不會抵抗不了邁入老年期的父親。然而，人與人之間，社會經濟地位遠比物理性的力量更具影響力。大學時期的K除了課餘時間的打工之外，並沒有其他收入。雖然就年齡看來他已是成年人，但就社會經濟層面而言，他並不是可以獨立自主的成年人。相反地，主導者K的父親在社會上是受人尊敬的有錢人，更重要的是，他具備了豐富經驗所鍛鍊出來的純熟社會技能與歷練，以及可以動搖許多人的手腕與影響力。

當K試圖以力量對抗父親的那瞬間，K在社會上就成了對父母施暴的絕世逆子而受世人指責，並被斷絕了所有經濟上的支援。儘管K年輕而且力氣較大，但他能夠戰勝父親的機率連百分之一都不到。他們都在本能上清楚知道兩人之間的力量差距，K其實也曾在父親的暴力之下，為了保護自己的身體舉起拳頭，但他鼓起勇氣舉起的拳頭，卻因為父親大聲喝斥：「你竟敢想對我動手？」而無力地放下了。雖然K和父親之間的有毒關係所帶來的影響，對當事者K而言是破壞了他整個人生的驚人大事，但諷刺的是，在K當時生活的韓國社會裡，這只是無法被定罪的瑣碎小事。

就算是夫妻、同學、手足等名義上看似平等的關係，若仔細觀察這些關係就會發現，在形成有毒關係之前，主導者與犧牲者之間有著壓倒性力量差異是很常見的。父權文化普遍存在，於是在婚姻生活或家庭失和被無條件認為是女人責任的社會裡，夫妻之間就很容易產生有毒關係。在這樣的情況下，文化或社會偏見等要素，就是在主導者與犧牲者的有毒關係中，明確區分力量優劣的重要因素。若好好觀察看似平等的國、高中同班同學之間發生的有毒關係，會發現他們生活其中並稱之為班級的這種特定組織裡，經常可見主導者擁有比犧牲者更具壓倒性影響力的情況。這樣的力量優劣非常堅固，無法輕易被推翻。

有毒關係一旦形成便會不斷強化

有毒關係具有強烈的持續性與逐漸嚴重的破壞性。人與人之間存在著心理方面的優劣，當關係中發生虐待、惡言等破壞性行為時，人與人之間便會產生某種心理動態，也就是流動與模式。一旦心的流動固定下來，就會漸漸形成某種固定的形態，形成固定形態的有毒關係會抗拒改變，於是不平衡且具破壞性的流動便會繼續維持。

剛滿二十歲的K並沒有意識到有毒關係開始了。因此，他把父親突然對自己的人格侮辱與暴力，僅僅當作是父親一時的反覆無常。然而，父親毫無理由（但他自認為理由充分）行使暴力的那天，還只是個開始而已。隨著時間過去，拳頭之後動粗口、罵完之後動拳頭、人格侮辱、把K當成隱形人，這些都只是根據不同情況改變形態而已，暴力仍然持續。而且可怕的是，這對K的父親，甚至對K而言，都逐漸變成理所當然的事。

K漸漸開始害怕週末的到來，只要K回到家，父親無論理由為何，都會理所當然地對他發怒，無論那憤怒是起因於K、他自己的壓力或是其他理由。K也一樣，起初，他還會感到奇怪，努力想找出原因，了解父親為什麼對他發火、自己為什麼要持續遭受這種可怕的對待，但隨著時間過去，這樣的有毒關係對K而言也變成理所當然的了。很少人會思考風為什麼會吹、蘋果為什麼會從樹上掉下來。K寧願忍受痛苦，也放棄對這種關係提出疑問。

有毒關係越是持續，暴力程度就越嚴重，手段也越多樣。長時間施行暴力到成了常態的話，就會改為變成拷問（torture）的形態。人對他人行使暴力時，施暴的一方心裡存在著一種類似馬奇諾防線的堡壘，讓他們的施暴無法超過一定的程度。這堡壘是複合而成的，其中包含釋出惡意及破壞性行為時產生的罪惡感，以及對方和自己同樣生而為人、自然而然會去想像「如果我也被那樣打的話，應該也很痛吧？」的同理與同情。

用手指捏死螞蟻的時候，我們很難想像螞蟻全身被壓扁、生命即將消失的感受，但是看到血腥電影裡人的手腳被砍斷時，因為對方和自己太過相似，便會產生反感。然而，長時間持續的有毒關係會稀釋主導者心裡的馬奇諾防線，甚至讓防線消失。結果就是，人類對人類施加的暴力程度強化，方式變得過於殘忍。此外，並不只有暴力的物理性程度強化了，暴力的多樣性也增加了。從K遭受到的非物理性暴力來看，最具代表性的是「無視」。每個週末家人一起用餐時，K怎麼樣也插不上話。K無論說什麼話，父親都毫不理會；晚餐期間，K的父親徹底把K當作不存在，但儘管如此，他還是會被指責吃飯的時候什麼話都不說，而且這成了K被暴力對待的藉口。這種一個人的語言訊息與他的非語言訊息不一致的情況，在心理學中被稱作雙重束縛（double bind）。最終，K不知道該如何回應父親的話，他難以逃離這種怎麼做都不對的情況，和家人用餐的時間總是讓K感受嚴重的不安與混亂。

暴力的多樣性已經擴大到傷害K的基本人權。基本人權指的是居住遷移自由、表達自由、思想自由等為了維持人類生活，必須且基本的自我決定權。K的父親以語言、非語言侵害的方式，對K想住的地方、婚姻生活、未來計畫等，這些身為人類的K所能決定且應該享受的基本生活權利施加暴力。

有毒關係在封閉的情況下會牢牢鞏固

有毒關係具有強烈的孤立性，並且這種孤立性會使犧牲者無法獲得外界的援助，因而感到嚴重的無力感。雖然韓國在近年來改善許多，但傳統上依然有一種氛圍，就是不希望所有場所都適用於統一的規則。也就是說，在社會、家庭、軍隊、男女之間的問題上有不同的規則。在社會中，蓄意損傷他人的身體是可能被判刑入獄的重罪，但在家庭裡，這卻是一種訓誡的方式。雖然勞動契約裡，規範下班後公司不得干預員工的生活，但許多公司仍將參加聚餐等活動，視為組織配合度的重要指標，因此連下班後的生活都會被主管影響。除此之外，這類每個組織都不太一樣的規則，有時甚至侵害了人的基本權利，讓隸屬於封閉組織內的當事人無從抵抗。有毒關係就存在於這樣的縫隙當中。

幾年前引起軒然大波的「第二十八步兵師團醫務兵殺人事件」，也就是「尹士兵事件」，即是軍隊中有毒關係的駭人事件。在尹士兵事件中，包含李兵長在內的四名軍隊學長是有毒關係的主導者，他們在和尹士兵一起吃冷凍食品時，集體將他毆打致死。在尹士兵失去意識昏倒後，這幾位主導者仍殘忍地繼續對他施暴。經過深入調查後得知，包括李兵長在內的這群人，長達四個月對犧牲者尹士兵行使物理性與言語性的暴力。

重要的是這起事件的環境因素。只要建立起孤立的環境，絕對無法想像會發生在現實社會中的暴力就會變得漫長且殘忍。

基本上，雖然這是因為封閉環境而產生的有毒關係，但有毒關係的主導者們為了維持這種關係的孤立性進而採取的行動，也值得關注。加害者們為了盡可能防止對尹士兵施暴的事實曝光，因此更改尹士兵的勤務，甚至阻止他和家人會面。假如他們堅信自己殘酷的行為是正當的，就不會有這些為了維持關係孤立性而產生的行動，所以他們是清楚知道，他們的行為可怕到就算是對戰俘，也不會輕易出現這些行為。但即使如此，他們仍保持關係的孤立性，並沒有停止他們的這種行為。這是典型有毒關係的特性。

整理一下，（1）在關係明確的主導者與犧牲者之間，具有力量優劣或社會和心理性位階的差異，（2）發生了在其他正常關係中無法被接受的孤立性與暴力關係，以及（3）暴力越來越強烈與多樣化，這種情況我們稱之為「有毒關係」。然而，上述的三項特徵只是構成有毒關係的外在特性而已，兩人之間內在隱密的心理交流則會形成某種病態關係，並使有毒關係持續。下一章，我們將探討構成有毒關係的主導者與犧牲者之間發生的心理特徵。

只向外的主導者心理、只向內的犧牲者心理

我們的心隨時都在向內或是向外。試著想想看，在什麼也沒有的漆黑巷弄裡遇上搶匪，我們的心使我們拿起武器對抗搶匪，以保護自己的身體，這是心向「外在」作用的方式。即透過特定的行動，試圖依照自己的意志改變外在現實。相反地，心也可以讓我們反省為什麼自己會遇到搶匪，並下定決心不再走這條巷子。即透過回頭檢視自己的行為並修正，來克服危機，這是心向「內在」作用的方式。

這兩個方向都是為了生存的重要心理作用。當然，面對所有的危機，不會有人只打算改變外在的情況，或相反地，只透過改變內在來克服。然而，有些人在向外與向內兩者間有特別強烈的傾向。人類在面對可藉由大腦來處理、最曖昧且最複雜的威脅——即人與人之間複雜的關係時——就能明顯看出向外與向內哪一個方向的活動較為強烈。

主導者的心理只向外

在有毒關係主導者的心理世界裡，向外的活動是顯著的。在關係之中，他們很少省視自己的內在，卻經常試圖改變對方。這類型的人所採取具代表性的防衛機制包括：投射、否認、合理化。以下分別討論各個防衛機制。

① 投射

投射是將自己不可取、無法容忍的想法與衝動，歸咎於他人的防衛機制。有毒關係經常是從投射開始的，回顧K和父親之間有毒關係開始的那天，K的父親當時一定處在他自己難以接受的心理狀態中。當時K的父親經營的公司剛拓展不久，就面臨許多挑戰，資金不足、員工們的管理也未步上軌道。K的父親因此變得很脆弱，對周遭不如意的事總是帶有攻擊性的情緒。然而兒子K和自己的情況不同，K充滿著希望並盡情享受著第一次體驗到的自由。面對不顧父親鬱悶的現況，自豪暢談豐功偉業的兒子，K的父親感到憤怒與反感。他陷入強烈的怒火與衝動之中，羞辱K，最後還對他行使暴力，並這麼說道：

「你不知道你做錯了什麼嗎？」

其實K的父親也不知道自己為何生氣。他的心態可以做以下解釋：

「我這麼辛苦，身陷危機之中，他卻像無視我一樣笑得那麼開心。說不定他是故意表現給我看的，所以我要給這小子一點教訓，讓他再也無法無視我。」

在K父親的內心世界裡，認為K有說有笑的樣子是在攻擊他或傷害他的自尊心，而他為了擺脫投射在兒子身上的情緒轉而攻擊了K。

②否認

否認是一種將個人很難接受的外在現實、無法忍受的想法與衝動等，當作沒發生過的防衛機制。即使是對K施暴之後，K父親的內心還是無法平靜，因為另有其他讓他發火的理由，但有毒關係主導者由於向內的力量不足，以至於無法察覺到這一點。

K的父親所認知到的憤怒因果關係與事實太過不同，因此無論K的父親再怎麼樣對K發洩情緒，那情緒本質上不會完全消失。所以K的父親在毆打K之後所感受到的，只有因為朝錯的方向表露情緒，而造成的不完全燃燒與微妙後悔而已。即使默默覺得毆打K的理由是因為自己最近對某些事變得脆弱，K父親的內心也沒有成熟到可以承認這件事，並因此否認內心的聲音。從「投射」開始的有毒關係，由「否認」維持後，走向下一個階段。

③合理化

K的父親無法承認自己使用了「投射」這種不成熟的防衛機制。他不想承認自己的弱點與疏失，依然認為自己是人格成熟與寬容的人。他因此變得無法承受自己拿必須自行解決的問題，來攻擊應該要疼愛的家人的事實。這次，他利用所處社會的普遍觀念與文化來防衛自己。

「沒錯，打人雖然不對，但子女無視父親是更大的不對。要是我的小孩像現在對待我這樣隨意對待別人，那他的未來會變成什麼樣子？所以我對K的所做所為是在教育他。父親教育子女是理所當然的事，就結果而言，都是為了那小子好。」

K的父親就這樣把自己不成熟的行為，包裝成教育和是為了子女的未來著想，也就是所謂的合理化。K的父親這樣聲稱他自己的行為：

「這是在教育無能的你。」

毫無理由施暴對方後聲稱這是訓誡，這並不是為了對方好，而是一種完全只為自己著想的行為。為了逃避自己很難面對的事實來獲得內心暫時的平靜，便把對方的精神打入深淵。如此一來，儘管K的父親沒有向內反省，也成功防衛了自己的心理問題。在他的精神世界裡，兒子K和自己並不是同等的人格主體，而是用來維持自己內心平衡的工具，並且透過上述的過程，形成扭曲的依賴關係。K的父親如果沒有對K施行暴力，就無法平靜自己的內心，因此每到週末他就會把K叫回來家裡，甚至連叫他回來的方式都不正常。主導者向犧牲者施加精神壓力，如果不持續虐待犧牲者就無法安心，但他們絕對無法承認自己正依賴著犧牲者，所以用逼迫的方式，讓犧牲者即使自己沒有開口也會跑來。週末毫無理由打電話發飆破口大罵，或是打了電話卻什麼都不說，來施加壓力。K的父親真正希望的是：「就算他沒有要求K，K也會欺騙自己，自願每個禮拜來探望他。」

在這過程中，K被認為是劣等或是不值得受尊重的存在。因為只有這樣，有毒關係才能成立。現在，犧牲者做為人類所應該擁有的基本需求，甚至基本人權都遭到了侵害。K的父親不認同K的人生規劃，就連住處都要按照他的意思來決定。如果兒子在他不在的地方構築自己的世界，K的父親就再也無法主導關係，因此他不能接受K住在離自己很遠的地方。然而就連這些，K的父親都像他是為了K的未來而訓誡那樣，合理化自己的行為。

犧牲者的心理只向內

犧牲者在關係的所有面向上，都被主導者搶走了優先權。由主導者主導的有毒關係攪亂了犧牲者，讓犧牲者無法客觀看待自己周遭的事物。主導者理直氣壯地對犧牲者施加暴力或精神壓力，並巧妙合理化自己的行為。因為有毒關係本身所呈現的孤立性，「人不能傷害別人的身體」或是「每個人都有居住的自由」這類一般社會中的基本道德或常識，在有毒關係中是行不通的。最終，犧牲者的心失去了向外的力量，並傾向改變自己的內在來克服痛苦。與其說犧牲者的心理特徵是特定的防衛機制，不如說是以憂鬱症、焦慮精神官能症、創傷後壓力症等「疾病」或「症狀」的形式出現。

①扭曲的順從與愧疚

心理上與物理上無法反抗的對象持續壓迫自己的話，人會有什麼反應呢？大部分的人會感到憤怒與反感。但有毒關係開始時，犧牲者比起主導者，心理層面上是更加健康的。意思是，就算對方的行為不恰當，也不會像主導者那樣馬上將攻擊性行動化，而是會等待對方情緒放輕鬆，再試圖理解對方的疏失。以我的治療經驗來看，家人之間的有毒關係，較有愛與較體貼的一方永遠都是犧牲者。

諷刺的是，犧牲者這樣健康的一面，卻使自己陷入有毒關係的泥沼。有毒關係開始的那天，K如果像其他血氣方剛的兒子們一樣大喊大叫或反抗，就不會讓這悲劇性的關係開始了。然而，K是愛著家人的，當時他也知道自己的父親正處於敏感時期，也知道人總會犯錯。因此，K選擇了錯誤的回應方式——在不知道緣由的情況下說了「對不起」，而這樣的回應方式給了K的父親錯誤的自信。K無意中表現出，他已經認同了投射在自己身上的情緒，而這彷彿就像是K本身的情緒一樣。

「只向外的主導者心理」與「只向內的犧牲者心理」相互關聯，兩者之間形成了旁觀者無法理解的奇妙關係。K很快就失去客觀看待自己的方式，他相信對方具有正當性，而問題都出在自己身上。同時，這使得犧牲者產生自己現在似乎做錯了事，或對主導者有所虧欠等感受，即對錯的方向和錯的對象感到愧疚。

方向錯誤的心理作用，無論在什麼情況下都無法到達目的地。就像不管K的父親如何對K發火與咒罵，除了暫時的安慰之外什麼也得不到；無論K如何省視自己內在的問題，也始終無法得到滿意的答案。即使他不斷修練再修練，達到強大的心理境界，他身處的有毒關係也不會改變，因為起初自己所感受到的情緒是主導者投射而來的。然而，無法脫離有毒關係的犧牲者K卻感到愧疚，並且努力修正再修正自己的行為。他相信著深愛的家人不可能會這樣對他，如果他改變某些錯誤的話，就能回復成充滿愛與關懷的家庭關係，但這些東西打從一開始就是不存在的。

②過度警覺以及突發的憤怒

俄羅斯心理學家巴伏洛夫在一九〇〇年代初期關於「古典制約」的實驗眾所皆知——對狗持續性地搖鈴後餵食，狗只要聽到鈴聲也會流口水。因特定環境中的特定刺激而產生的古典條件反射，這是精神醫學史上非常重要的發現。然而，那之後的一系列後續實驗則相對比較不廣為人知。

巴伏洛夫這次讓狗區分圓形與橢圓形，看到圓形就給東西吃，看到橢圓形就不給東西吃。之後，橢圓形的形狀會漸漸畫得越來越像圓形。當狗感到與自己認知的規則失去一致性時，便會突然開始哀號掙扎，出現啃咬周遭儀器等異常行為。動物在一致的規則慢慢變得不一致時所產生的這種症狀，巴伏洛夫稱之為「實驗性神經官能症」。

實驗性神經官能症與犧牲者所表現出來的變化也有關係。在我們所經歷的壓力中，有的像大學升學考試或就業危機一樣（不論我們是否能逃避），在可充分預測的時間點以可預期的方式發生；相反地，有些壓力則像上班路上發生的交通事故一樣，會突然以無法預測的方式出現。有毒關係的主導者與犧牲者之間發生的事件，大部分是隨主導者的情緒或防衛機制而起，例如毫無節制的暴力或謾罵、掠奪他人基本權利等，會根據主導者的心情時不時出現，與犧牲者熟悉的一般社會規則完全不同，而且這種無法預測的壓力，會讓犧牲者產生類似實驗性神經官能症實驗中給予狗刺激的作用。即使是在其他關係中，犧牲者也會感受到與有毒關係相似的威脅，並認為自己無法好好應對這樣的威脅。因此，他們對待其他人時相當小心翼翼，因為過往所學習到有關社會規則的判斷或行為標準，在經過數十年的有毒關係之後完全瓦解了。

K對待他人時非常小心翼翼，且暗自覺得別人都在嘲笑或欺騙自己，他無法區分他人中立的行為是不假思索做出的，還是在侮辱自己。他會在瞬間被威脅感壓迫而變得僵硬，但假如被打開了開關，就會變得極度敏感，然後在不恰當的時機以不恰當的方式，表現出超出限度的憤怒。由於那情緒的流動或因果關係與一般人的非常不同，因此人們無法理解他所說的話與行為。犧牲者所展現的這種症狀與創傷後壓力症患者的過度警覺症狀相當類似。

③無力感、無望感

K相當疲憊，他完全像變了個人似地，甚至開始變得無法回憶起自己愉快且聰明的十幾歲時光。在有毒關係持續的期間，K的情緒被否定，甚至連決定未來住處或前途的權利都被剝奪了。此外，雖然這些都被包裝成像是為了他好一樣，但事實上並不是。雖然他無法明確了解有毒關係的本質，但他明白，這關係正在腐蝕著他的心靈，並使他的人生走向了錯誤的方向。這是當然的，每天不安發抖，主動前往虐待自己的地方，在那裡忍受人格被否定、身體被傷害的恐怖經驗，怎會不明白呢？

大學時期，他唯一的希望是畢業後到遠離A市的地方獨立自由地生活，但現在連這希望都破滅了。倘若他能再早一點明白有毒關係的本質，那麼無論用什麼手段，他都會逃離有毒關係。他有足夠的能力，只要願意的話，就絕對逃得走。然而，持續的有毒關係削弱了他的主動意志。

一九六七年，馬汀．塞利格曼（Martin Seligman）在動物實驗中發現，處於長時間痛苦或厭惡的刺激之下卻無法逃離的動物，最終會學習到自己絕對得不到幫助，進而放棄一切能脫離的嘗試。塞利格曼稱之為習得無助（learned helplessness），並提出患有憂鬱症有關疾病的人所展現出的無力感與無望感，也是根據後天經驗而生。長期的有毒關係在K身上烙印下無論使用什麼方法都逃離不了現狀的心理，最終，儘管K具備了足以解決現狀的能力，他卻仍放棄所有選擇權，選擇繼續維持有毒關係。

沒有人想遭受虐待

有些精神醫學家或心理學家認為犧牲者們具有想要受虐待與受控制的傾向，他們認為犧牲者們擁有被虐的性格，藉由忍受對方折磨來脫離孤立感，在這樣的關係中尋找自己存在的價值。我認為這是完全錯誤的解釋，是輕率且具侮辱性的理論，也是把人在不想要的不幸關係中尊嚴受傷這件事，與非常少數人擁有的變態欲求視為同等。

你有看過被短繩綁住、挨打卻幸福的狗嗎？你能想像第二次世界大戰時，自己走向奧斯威辛集中營的猶太人嗎？渴望幸福並擁有追求幸福的自主權，就像呼吸與心跳一樣理所當然，是人類賭上一生追求的終極目標。然而，當一個人放棄成為自主的人類，選擇留在虐待自己的人身邊，那麼一定是有什麼傷害了他的自由意志，這其中一定就存在著有毒關係。

正當化有毒關係的共犯——協力者

不知不覺已經三十歲的K，按照父親的命令留在父母居住的A市。經過四年的實習生活後，他取得口腔外科專科醫師的資格也結了婚，成為一家之主。他現在是名副其實能為自己負責的大人了，擁有自己的家庭，也有足夠的工作收入。那麼，他擺脫過去那段有毒關係了嗎？

悲傷的是，完全沒有。即使是忙碌辛苦的大學醫院實習期間，K的父親也會打電話向K施壓，方式和以前非常類似。K的父親撥了電話後卻什麼話都不說，向K施壓，承受不住的K尷尬地打了招呼後，父親便開始瘋狂咒罵來表達他的憤怒：為什麼最近都沒聯絡？人就算再忙也要吃飯過活，吃飯後也應該要留時間上廁所吧。K的父親甚至曾經直接到K工作的牙科把K叫出來，用腳踹他，對他行使暴力。那場面被路過的同事看到了，瞬間就傳遍了整間醫院，K的尊嚴徹底崩潰。除此之外，每到休假日，他因為必須前往父親的家而無法和妻子共度，就為了讓父親原諒連自己都不知道的罪。即使到了擁有像樣職業的三十歲，即使已經是一家之主，他依舊是脫離不了有毒關係、無力抵抗的犧牲者。這完全毀了他的人生。

前面我們探討了維持有毒關係的環境因素（明確的力量優劣與社會文化因素所導致的關係孤立性），以及個人的心理因素（主導者與犧牲者之間的心理動態）。然而光憑這些，有毒關係就能持續如此長的時間嗎？光憑這些，正值三十幾歲壯年期的人，就只能屈服於邁入老年期父親的非人暴力，並感到無能為力嗎？除非是兩個人生存在無人島上，否則不可能有所謂完全孤立的關係。如果是職場上的上司與下屬關係，他們身邊也還有許多主管、同事與下屬牽涉其中；如果是同一所學校的學生之間所產生的有毒關係，各自的父母、班導師與身邊的同學們也都會牽涉其中。

這裡我想探討讓主導者與犧牲者之間已經形成的有毒關係，變得更加堅固與持續的重要因素，那就是主導者與犧牲者之間的交集，也就是圍繞在他們身邊的人。他們是容忍有毒關係主導者暴行的允許者，也可以說是實際上的共犯。我稱他們為有毒關係的協力者。有毒關係的協力者使有毒關係得以持續下去並惡化，這個過程可以分為兩階段。

第一階段，他們默認並允許主導者的暴力；第二階段，他們最終會把自己視為主導者，加入成為有毒關係中的主導者。

容忍主導者暴力的有毒關係協力者

有毒關係的協力者容忍與默認主導者的暴力，即使看到了眼前明顯的主導者暴力行為也會裝作沒看見。在他們身上也能看到主導者所表現出來的防衛機制，那就是「否認」。然而，他們並不是像主導者們一樣不懂得反省、會對弱者施行拷問與暴力、擁有人格障礙的人，反而在其他人際關係中，他們會非常在意他人的目光，並努力讓自己看起來很有道德感。但在有毒關係中，他們卻表現出和在其他關係中完全不一樣的行為，容忍與默許眼前的暴力，甚至為了不讓所屬團體內發生的非人事件洩漏出去，而不惜操縱犧牲者。

他們看到電視上播出可憐人的生活會流淚，看到黑心政治人物的不當或暴力行為會感到憤怒，但為什麼在他們眼裡，卻看不見K的悲慘人生與逐漸崩潰的心靈呢？除此之外，他們想要讓自己在其他關係中看起來善良、有格調，卻為什麼對於自己身邊最殘忍與原始的暴力毫無反應呢？這源自於以下兩個原因：

① 若不是當事人，很難對痛苦感同身受

有毒關係的痛苦與單純生理上或特定災難事件所導致的痛苦是不一樣的。這類型的痛苦以形而上的角度來看是更巨大的，因為犧牲者本質上所遭受的傷害屬於精神層面。雖然也有與疼痛、身體損傷相同的物理性痛苦，但感到沒有希望、自己的人生不是自己的、無法向他人求助的孤立感等，這類精神與存在感方面的痛苦更強烈。而對於他人精神層面上的痛苦，人類的感受力比想像中還要來得差。

再者，因為有毒關係的痛苦是緩慢且持續的，對犧牲者與周遭的人而言，就容易變成日常中的一部分。暴力不是暴力，傷害也不是傷害，而是被視為理所當然的日常。因此，協力者有輕忽犧牲者痛苦的傾向，因為那本質上並不是自己的痛苦。他們非常容易會對迫切希望得到幫助的有毒關係犧牲者說：

「是你太敏感了吧？」

②協力者害怕自己成為下一位犧牲者

有毒關係的犧牲者處於團體內權力者公認的最低階層，或類似種姓制度的賤民階級。我們試著想想看，在一個團體內，可以不受任何人制止，而對他人施行暴力的人，會是怎麼樣的人呢？有毒關係的主導者很可能是在一個團體內，握有最高權力的人，或是不亞於此，可能是擁有強力影響力的人。

如前面提及的，主導者需要有毒關係以穩定自己的心理狀態。沒有犧牲者，有毒關係就無法成立，因此假如不存在犧牲者的話，主導者就會需要去尋找其他的犧牲者。在一旁看著暴力的人本能地知道這一點——要是犧牲者消失了，自己就很有可能變成下一位犧牲者。因此，協力者也想順應主導者來維持現在的有毒關係，無論是有意或無意的。

令人難過的是，K成為有毒關係的犧牲者後，除了他自己以外，其他家庭成員的關係變得比起以前任何時候都還要來得好。有毒關係的協力者為了避免自己變成犧牲者，把K一個人當作祭品，暗地裡相互串通。在因為被施暴而發抖、尊嚴被傷害的K面前，其他家人卻進行著比誰都還要親切的對話。這是多麼殘忍的情景，給K帶來了無法抹滅的傷害，並逐漸將K的心靈推向崩潰。當K小心翼翼地反抗這樣的家庭狀態，有毒關係的協力者就會像是在安慰他般對他說：

「其實爸爸也是愛你的，再等等吧，也反省一下你的行為。」

就像這樣，加諸在犧牲者身上的謾罵、暴力與人格侮辱，被協力者包裝成家人之間的愛。有毒關係主導者所展現出來的防衛機制，又再次在協力者身上體現——也就是「合理化」。

也想扮演主導者角色的有毒關係協力者

有毒關係協力者成為主導者完美的共犯，一起主導有毒關係。他們順應主導者的立場，使用與主導者相同的防衛機制，並從中感受到安全感。這類型的人具有共同的特性，也就是會藉由否認有毒關係存在，來維持關係的孤立性。他們以維護家庭名譽的名義施壓犧牲者，好讓家裡發生的事無法外揚，即所謂的「家醜不可外揚」。這樣的行動反過來證明了——他們知道自己的行為在道德上是不對的，是反人倫且非人性的。他們害怕這件事被其他人知道，所以拚命要讓犧牲者被孤立於社會之外。

有毒關係的協力者在對待犧牲者時，並不是站在犧牲者的立場，而是站在主導者的立場。就像主導者的心比起向內，更多能量是向外一樣；協力者比起質疑主導者的問題，會花更多力氣在找犧牲者的問題。本來找出原因並加以防止就是困難且需要勇氣的事，但當個指責問題的犧牲者就很容易了。協力者連最後一項防衛機制都和主導者相同——投射。協力者這時也成為了主導者，開始在精神層面上逼迫犧牲者，甚至有時候是全家人都在對犧牲者行使嚴重暴力。

K的情況中也存在著協力者，即是K的母親與哥哥。每當K的父親對K口出惡言或施暴時，他們都會在一旁看著。更令人震驚的是他們的反應，即使他們目擊了施暴的現場，也像是什麼都沒有感覺到一樣。用餐時常出現的情況是，除了K之外的其餘三人和樂融融地聊天。當K向其他家人求救時，他母親卻是說兒子竟敢對父親的行為有微詞，對他感到失望，不准K再說這種話。K的哥哥則是嘲笑他。

K的母親與哥哥對K做出的舉動越來越像K的父親。K的母親曾經是虔誠的宗教人士，卻經常毫不掩飾地對K的外表、服裝、髮型，甚至表情找碴，發洩自己的怒氣。K的父親不管理由是什麼，都經常對K暴力相待。K的哥哥毫不掩飾地說K和他的同學們是「只有腦袋聰明的神經病們」，瞧不起他們，也會在他的朋友面前嘲笑自己的弟弟無能。這些場景在K的父親看來，是能合理化他行為的重要藉口，也成為使有毒關係得以持續下去的手段。因為其他家人們也會指責K的行為，所以K的父親更加確信自己的行為不是虐待，而是訓誡，那麼從結果看來，自己的所作所為並沒有錯。受有毒關係影響的協力者，對這世上最應該疼愛的人竟然可以變得如此殘忍，K完全陷入了無法向外求援，也沒有任何人理解他的泥沼。雖然K的有毒關係是由主導者開始，卻是因為協力者的存在才會維持這麼長的時間。

Chapter 2

他們絕不退縮

── 擺脫有毒關係的三個階段

是什麼把犧牲者綁在有毒關係上？

穩態應變（allostasis），犧牲者內在世界的變化

許多與健康有關的書籍都會談及恆定狀態（homeostasis）。所謂恆定狀態，是美國生理學家沃爾特・布拉德福・坎農（Walter Bradford Cannon）於一九二六年提出的概念，意指為了個體的生存，面對外在環境變化時，身體內的各個元素會試圖保持一致性的一種機制。例如我們的身體努力維持一定的血糖、血壓、電解質、氫離子濃度指數（pH）等。然而，面對外在環境的劇烈變化或壓力時，我們的身體為了適應外在環境的要求，就會改變內在的平衡。舉例而言，如果我們在深夜被怪人威脅生命，我們的身體會透過下視丘－腦垂體－腎上腺軸（HPA axis）的作用，暫時改變心臟、血管、肌肉等器官的狀態，以這種方式製造克服危機的機會。人體改變生理平衡以克服外在危機的這種機制，稱作「穩態

應變」。這種機制是為了讓人類適應壓力、製造並維持身體新的基準。然而，這樣的壓力要是持續過久或反覆持續的話，人體就會一直處於高血壓或葡萄糖耐受不良等異常的平衡狀態。

類似的情況也會發生在人類的精神世界裡。一個人的心智若長時間處於持續受壓的狀態，那麼他的心智便會失去過往的正常標準，停留在生病的狀態。因為有毒關係環境方面與心理動態的特性，誘發人類處於長期且持續的壓力中，讓犧牲者的內在世界裡，遭受逼迫或侮辱變成對他們來說非常理所當然的事，甚至會讓他們形成害怕擺脫有毒關係的病態平衡。

人類社會如蜘蛛網般交織關係中的教條（dogma）

人類是以團體生活為基礎的動物，沒有人打從出生以來就只會和一個人建立關係，家人與親戚、知己與朋友、師長與上司等無數的關係，就像蜘蛛網般複雜地交織在一起。有毒關係也不僅僅會在犧牲者與主導者兩人的關係中成立，也會出現在與他們交織一起的其他無數複雜關係中。因此犧牲者試圖擺脫有毒關係的過程中，勢必也會被其他關係傷害。

讓我們試著假設像K一樣的情況：犧牲者與自己的父母形成了有毒關係，並辛苦地努力擺脫了這段關係。犧牲者在做人生重大決定、陸續完成任務時，實際上是不可能完全屏除加害者，把傷害與痛苦降到最低的，因為其中存在著無數與當事者有關的其他人，以及周遭間接相互影響的部分。舉例而言，當決定結婚並建立新的家庭時，犧牲者會很難和結婚對象以及對方的家人，解釋自己與家裡斷絕關係的原因。如果和父母關係破裂，少了他們的協助，婚禮就很難順利舉行；而即使順利進行了，也要忍受賓客對於父母缺席婚禮，投來的不自在目光與竊竊私語。

親戚朋友等周遭的其他關係也會產生變化。不管K如何解釋父親對自己的人格侮辱或傷害，家裡也沒有長輩或親戚能理解他想擺脫有毒關係的想法。十個人裡面就有八、九個人質疑K的品德，就算有溫柔體貼的親戚某種程度上能理解K的遭遇，但就社會普遍觀念而言，他們也很難支持他與父母斷絕關係。如果K沒有做好切割其餘所有關係的準備，就無法擺脫與父親的有毒關係。

雖然社會上的許多偏見已逐漸被打破，但仍存在著無法討論或妥協的教條。當然無論是什麼樣的社會，在那裡流傳下來的傳統、倫理意識與宗教教義，大致上都會隱含正確的道德標準，所以在一般情況下具有某種程度的價值。然而，任何社會都存在著灰色地帶或漏洞。在正常關係中圓融維持人與人之間關係的這些教條，在有毒關係中反而變成了侵害犧牲者人權的工具。

除了當事者之外，其他人只能知道關係問題的表面。因此，無法討論的傳統倫理意識或位階秩序就會與在一般的關係中時不同，而使得有毒關係更加孤立。「即使如此，對老師怎麼能……」或是「就算這樣，生下你的還是父母啊」等，這類第三者依據普遍倫理提出的忠告或介入，就會變成讓試圖擺脫有毒關係的犧牲者，再次回到有毒關係圈套裡的藩籬。

斯德哥爾摩症候群，主導者的善變使犧牲者猶豫不決

有些犧牲者忽視自己的想法與情感，卻反而以施虐者的觀點去思考情況。一九七三年，在瑞典的首都斯德哥爾摩發生一連串犯人占領銀行並挾持銀行行員的事件。人質們經歷六天人質生活後獲救，卻出現為犯人辯護、拒絕作證等，被

犯人同化或是情感上變得親近犯人的反應。犯罪心理學家尼爾斯・貝耶羅（Nils Bejerot）稱這樣奇妙的現象為「斯德哥爾摩症候群」。

有毒關係的犧牲者與主導者共處的時候，會感受到異常的恐懼與無力感，他們相信自己的生存掌握在主導者的手上。為了提高即使只有一點點的生存機率，犧牲者會無意識地隱藏起自己的敵意，並認同主導者所說的話。一開始雖然是被強迫的，但漸漸就像自己也是那麼想的一樣被操控。從主導者的觀點上看來，這就是合理化。此外，有毒關係的主導者畢竟也是人，不會二十四小時都在折磨犧牲者，所以有時候主導者也會展現出比起一般人際關係更加人性化的面貌。他們如果遇到開心的事，會表現出令人驚訝的寬容，也會如實吐露內心的煩惱與情緒，因此往往讓犧牲者產生錯覺。

例如像是「雖然他在表達上有點那樣，但其實是愛我的吧？」或是「這種粗魯坦率的行為，是因為覺得跟我很親近才會有的吧？」。

如果把有毒關係主導者所表現出瞬間的善變或人性的不成熟，當作是好人體貼他人時會展現的親切或善意，那就不好了。一旦形成有毒關係，主導者基本上就會毫不在乎犧牲者有什麼樣的情緒。主導者無意識地確信犧牲者不敢反抗自己，因此對於犧牲者被別人知道後會很嚴重的弱點，他們也能毫無顧忌地說出口；那些犧牲者被別人知道後會很羞恥的秘密，他們也能毫無保留地開誠布公。從屬於主導者的犧牲者看到主導者這樣的一面會感到感激，並誤以為主導者把自己當作同等的存在看待。然而，犧牲者部分被融化的心，卻會在隔天馬上又被結凍，主導者就像是什麼也沒發生過一樣，再次開始折磨與無視犧牲者。這並不是因為主導者認為自己與犧牲者之間有著親密的情感，相反地，是因為主導者太過無視犧牲者了，因此在他們面前毫無規矩或禮貌可言。就像我們在小狗面前裸體也不會覺得丟臉一樣，羞恥是只有在與自己同等存在的面前才會感受到的情緒。因為主導者一點也不關心、不在意犧牲者的情緒，所以無論他們對犧牲者做了什麼行為也不會感到羞恥。

如果在兩個人的關係中，其中一個人就像是全世界只有自己有情緒般單方面地表達，另一個人卻像沒有情緒般被牽著鼻子走的話，這絕對不是正常的關係。在健康關係中，因為認同對方也像自己一樣會有情緒，並且認為對方的內心可能會被自己傷害，所以會因為擔心對方，而不把自己激動的情緒全部傾瀉而出。但在有毒關係中，主導者經常展現出的坦率情緒，從這個角度來看，是與健康的關係最沾不上邊的。然而即使主導者只是像往垃圾桶裡丟垃圾一樣，把自己的情緒丟出來，犧牲者卻會將主導者所表現出來瞬間的善意或鬆懈，誤以為是關係中的親密感，或是主導者較為人性的一面。

內在世界生病的表徵，愧疚感與羞恥感

透過上述過程，犧牲者的情緒會導向一處——愧疚感。愧疚感指的是對自己的失誤所感受到的不適感或悔意。一般而言，愧疚感是一種正面積極的心態，會使我們檢視自己的行為、反省失誤的部分，以及避免再犯相同的錯誤。然而，有些人卻會表現出異常的愧疚感，常見於憂鬱症、病態性哀傷或創傷後壓力症候群的患者。

有毒關係的犧牲者被過度的愧疚感折磨，犧牲者只要處於有毒關係那樣的環境裡，比起自己的情緒，會更優先接受關係裡其他人的情緒。即使受關係所苦的正是他們自己，他們生病的內心卻會使自己對完全無法負責的東西也感到必須負責。他們雖然不知道自己做錯了什麼，但因為認為自己好像做錯了什麼，才會

形成這樣的關係，並認為自己就應該經歷這種痛苦關係。這樣的愧疚感無法為人帶來正面積極的心態，反而阻礙他們去解決現狀並前往下一步。病態的愧疚感還會導致羞恥感。

犧牲者與主導者相反，他們有過度的羞恥感。如果愧疚感是對行為感到不適，那麼羞恥感就是對自我的存在感到不適。若是長期受到無關乎自己行為的指責，那麼這種關係便會重新建立起一個人的內在形象，讓犧牲者在有毒關係以外的關係中，也會遇到困難；在有毒關係之後形成的大部分社交關係中，也會感到愧疚。

過分在意自己好像做錯了什麼、擔心給他人添麻煩、害怕被別人攻擊，在犧牲者的內在世界裡，做錯事的永遠都是自己。因此即使覺得別人的攻擊或言語是不恰當的，他們也沒有力氣對抗；就算被毫無來由地攻擊或嘲笑，他們也很容易接受與屈服。最終，他們避開了可能往良好方向進行的新關係，而又成了其他有毒關係的犧牲者。

因此需要建立有毒關係一詞

在喬治．歐威爾（George Orwell）描繪的反烏托邦小說《一九八四》裡，統治萬物的獨裁政府為了不讓人們產生動搖支配體制的想法，刪除了字典裡的特定字詞，不讓人們使用。喬治．歐威爾清楚知道，想要分析既存的某種現象，進而往更好的方向發展時，必須使用含有明確概念的單字來稱呼它。在集體霸凌一詞被廣泛使用以前，集體霸凌只不過是學校裡學生們之間的討人厭惡作劇；在種族歧視一詞被使用以前，人們很難意識到那是多麼非人道與嚴重的問題。

另外有許多表達了部分有毒關係概念的精神醫學或心理學用語，有人稱這樣的關係是「虐待」或「霸凌」，也有人用「施虐受虐癖」（sadomasochism）這種精神醫學用語來稱呼。然而，這樣的精神醫學用語，只能表達有毒關係裡主導者與犧牲者所產生的部分精神動態或關係模式。摧毀一個人的人生或使人生病，這種在健康共同體中絕不該有的、異常且單方面的關係，僅以既存的精神醫學用語來表達是不夠的，也沒有準確的單字或概念，可以總括這種關係的一切。因此許多有毒關係的犧牲者連自己身陷於有毒關係之中都不自知，在無法了解自己所遭遇事件的原因或情況下，他們承受著不當的對待並逐漸崩潰。

因此，本書建立與使用了「有毒關係」（Toxic relationships）此一新的用詞，盡可能準確與具體地表達多個面向。希望有毒關係的當事人與大眾都可以認識到，使精神生病並破壞靈魂的有毒關係現象，不僅僅是某個誰不幸的個人體驗，而是一種存在於現實中的明確病態現象。希望透過這樣的概念，能讓在有毒關係泥沼裡承受苦痛的犧牲者，意識並接納自己的問題。更進一步希望，他們能得到社會的認可，了解到這可怕的關係並不是因為自己的問題而起。最終使他們能擺脫犯錯的愧疚感，讓自己的內在形象與傷口得以復原。

不是你的錯——克服自我懷疑

投射性認同造就了自我懷疑的牆

在有毒關係中，有一種會讓犧牲者無能為力的隱密心理防衛機制，那就是「投射性認同」。投射性認同是一九四六年，由精神分析家梅蘭妮·克萊因（Melanie Klein）所提出的概念，與前述把自己的情感視為對方的情感、進而採取行動的「投射」相似，不過是不同的概念。如果說投射是表達主導者處境下心理動態的概念，那麼「投射性認同」則是發生於主導者與犧牲者兩者之間心理動態的流動，與前面提及的「穩態應變」、「愧疚感」也有關。主導者將自己無法接受的個人情緒投射於犧牲者，接收了投射的犧牲者則會認為主導者的攻擊性、愧疚感、羞恥感等情感就像是自己的一樣。

由於這樣的投射性認同，主導者已經不只是在防衛自己的愧疚感與羞恥感，更可以去操控犧牲者的情感。最終，應該要感受到攻擊性及其所帶來愧疚感的主導者，卻無法感覺到這些；而犧牲者不僅把原本不屬於自己的愧疚感與羞恥感等負面情緒，當作自身而起地去感受，更把主導者對自己不恰當的所作所為，當作是自己應得的。

犧牲者對自己的品德或人格感到自卑，會使得他們認為自己在有毒關係中所受到的待遇是正當的，當他們到了非有毒關係的正常人際關係中時也會這麼認為，進一步使他們被獨立於健康且正常的人際關係之外。犧牲者會認為同樣的痛苦與其來自陌生人，不如來自熟識的人還比較好受，於是他們無法逃離虐待自己的有毒關係主導者身邊。為了結束有毒關係，犧牲者第一步必須先擺脫投射性認同，以及其所導致的自我懷疑。

以普遍化做為跳板，跳過自我懷疑的牆

如果你身處有毒關係之中，那麼應該有過這樣的疑問：人人平等，而且在不侵犯他人自由的情況下，每個人都有權利追求自己的幸福，這樣的普遍規則為

什麼只有自己不適用？只因為對方是長輩、是父母、是前輩，就能輕易指責你的人性或心靈，你應該也曾經懷疑害怕過？你可能也曾感到不對勁，別人一定不會經歷到的暴力與粗語，為什麼只發生在你的家裡或你的學校裡？另外，你應該也曾感到不合理與憤怒，為什麼只要你表現出想討論這件事的神色，身旁的所有人就會像發生大事般感到不自在，試圖堵住你的嘴？

這些都是正常的憤怒、正常的懷疑、正常的感受，但長時間的有毒關係麻痺了主導者與犧牲者的正常感覺，所以外在世界絕對無法容忍的暴力與不合理，都被理所當然地允許了。除此之外，有毒關係中任何人試圖阻止，都會被視為如同否定神、國家、家庭存在的不敬行為。如果這種關係被拍成大家在看的電視劇或電影的話，誰是主角，誰又是反派呢？欺壓犧牲者和損害其人格的主導者，並不會是具道義和名分的主角，因為那樣會讓劇情變得沒有共鳴。試著想像一下，如果你身邊的人突然身處在這樣的關係之中，他們會有何反應呢？能馬上理解並理所當然地接受嗎？或者你可以測試看看，當主導者經常對你說的話或做的行為也發生在他們身上時，他們會有什麼反應。

在封閉的有毒關係裡受苦的犧牲者克服這些情況時，必須經歷的過程稱為

「普遍化」（universalization）。即想像他人遇到與自己相同的情況時，他們會如何行動，以及試想他人經歷與自己相同的事時，自己會給他們什麼建議。透過普遍化自己的情況，有毒關係犧牲者可以擺脫那些投射在自己身上但不屬於自己的情緒，讓他們可以從非常普遍化的角度，來看待在有毒關係裡曾被他們視為理所當然的偏差。

普遍化是一塊墊腳石，可以讓被自我懷疑之牆包圍著的你看見牆外的世界。假如別人身上都不會遇到的事，卻發生在你身上，那代表你周遭的環境是異常的；假如別人一生中一次都不曾聽過的惡言，你卻每天都聽到，那其實並不是你的錯，而是說出那些話的人的錯。無論主導者們如何辯解自己的意圖，想想在那瞬間、在那地點，你因為他們說的話和做的行為所受到的傷害吧。你不能再相信那些只強調自己行為的動機，卻不在乎結果的人所說的話了；你也不能再相信那些用粗暴的言語與行動傷害你，卻強辯這都是為你好的人了。

不要被連自己都敢欺騙的他們的合理化所左右，稍微多相信一下你所承受的悲傷與憤怒吧。無論別人為自己的行為附加了什麼理由，你只需要站在你自己的立場上就好。

此刻就朝對的方向表達憤怒

韓劇中常出現一種老哏：一直以來都沒有表達過自己的想法、溫順且被動的劇中人物，在緊急的情況下突然失去冷靜，暴怒抓狂。這時身邊的人會驚訝地說：

「你怎麼了？這不像你。」

接著，他會回應：

「到底怎樣才像我？」

在精神健康醫學科診間經常能看到這樣的場面。不曾對父母的話表達過反感的誠實孩子，某天突然不去上學；每個週末都會到婆家盡心盡力服侍婆婆的媳婦，某次過節時，突然吞了大量安眠藥，被送進急診室。身邊的人被他們不同以往的行為嚇到，接著就要他們去接受治療。當這樣的人冷靜下來並和我進行面談後，就發現他們大多數都正在有毒關係之中，一直以來都強忍著比別人多好幾倍的憤怒。

憤怒往往被視為是負面情緒，但比起憤怒，有毒關係中更大的問題是憤怒無法被表達出來而持續累積著。為了保護我們的心，那些一直以來累積的傷痛經驗與因之而起的無力感，會試圖暫時阻止我們表達憤怒。有毒關係的犧牲者們其實心裡明白這樣的關係是有問題的，所以被阻止對外表達的憤怒，會在犧牲者的內在累積、變得巨大。最後，他們有天就會氣憤地質問：

「為什麼你把自己的情緒看得那麼珍貴，卻無視我的情緒呢？」

「明明說出了那麼過分的話，怎麼能厚著臉皮說是為我好？」

「明明不愛我，為什麼又不讓我離開？」

這樣的憤怒其實並不是壞事，因為無法阻止的壓抑憤怒總有一天會爆發。如果主導者的問題是可以被和平且合理地解決，那一開始就不會產生有毒關係了。憤怒的爆發既是停止有毒關係的契機，也是找尋解決自己問題的方法，進而使有毒關係變得顯眼的一種行為。也就是說，憤怒才是犧牲者內心還活著的證據，以及即使經過這麼長的時間，有毒關係也無法從犧牲者們身上奪走的東西。表達憤怒，是使犧牲者的無助恢復到正常狀態並阻止有毒關係的第一步。

憤怒在有毒關係下累積是理所當然的事，而當有毒關係不斷持續，憤怒便會逐漸擴大，總有一天會突破你的控制而爆發出來。問題在於憤怒的大小與方向，憤怒越大就越難處理。此外，就像是舉著對自己的臂力來說太重的刀揮舞的人一樣，弄錯了方向，就越有機會讓自己受傷。如果憤怒的爆發導致殺人之類的反社會行為，或是自殘、自殺、藥物中毒等自我毀滅行為，那麼這就不只是有毒關係，而是無法挽回的情況了。假如憤怒不是朝向對的方向，就會如K的案例一樣，在人際關係的所有面向都遇到問題，甚至在與深愛的人的關係中，你也會變成有毒關係的主導者，出現那些有毒關係主導者們對待你的行為。

因此，你必須在對的時機，向對的人發怒才行。你的憤怒應該向著有毒關係的主導者們，且表達憤怒的正確時機就是此時此刻。越快表達，你就越容易控制憤怒，並要以社會可接受、盡可能沉穩的方式來表達。無論他們能不能接受，你都要明確傳達你的想法。你必須清楚表達你無法再接受他們的暴力、惡言與非人對待。

想當然耳，表達憤怒的瞬間，你將會面臨相當不自在的情況，可能感覺像是打破了一切的平靜一樣，但這都比讓有毒關係荒廢你人生好上幾百倍。可以肯定的是，並沒有能夠和平結束有毒關係的方法。主導者與協力者希望你永遠都是犧牲者，即使你想要和平解決，主導者與協力者也不會接受。表達憤怒所出現的不舒服感受是必經的過程，而這過程比想像中的還好應付多了。更重要的是，要擺脫有毒關係，你眼前還有很長一段路要走。

所以不要再忍了，奮力起身吧。以憤怒為動力，踏上普遍化的跳板，躍過自我懷疑的高牆吧。如果有人因為愛你而對你施暴，那就不是愛，而是暴力；為了表現親密而辱罵你的人，並不是愛你的人，而是傷害你的人。沒有人理應受到他人過分的對待或惡言相向，你當然也是如此。

試圖擺脫有毒關係時他們會有的行為

犧牲者響不停的手機

當你宣告要斷絕和他們的有毒關係的那一刻起，他們就算感到驚訝也只會是暫時的，有毒關係的主導者與協力者很快就會展開行動。對他們而言，和你之間的有毒關係是相當理所當然，甚至是正確的關係。尤其是主導者，他們會感覺像是自己理當可以行使的權利被奪走了一樣，甚至會真心感到委屈與傷心。

雖然主導者可以選擇一下子就斷開聯繫，把犧牲者從自己的人生中移除，但更多的情況是，他們會利用任何方式接觸犧牲者以維持有毒關係，因為主導者透過有毒關係依存在犧牲者身上。多虧有了犧牲者，主導者與協力者可以投射自己無法接受的心理問題，甚至可以因此擺脫愧疚感與羞恥感，還有不少例子是主導者連經濟問題都依賴著犧牲者。他們希望有毒關係持續下去。

但出乎意料之外地，有毒關係的主導者很少出面。在我大部分的經驗中，有毒關係的主導者只要不涉及起訴或退學等法律問題，初期通常都不會親自出面，因為他們以強烈的投射、否認、合理化武裝著自己。就像K的父親絕不會直接向K說出自己想要什麼一樣，他們需要有毒關係，卻徹底否認自己依賴著犧牲者的事實。

積極維持有毒關係的反而是協力者。協力者完全站在主導者那邊，他們在心裡指責因為一點小事就把事情鬧大的犧牲者，也替主導者感到惋惜。他們甘願成為主導者的發言人，例如服侍婆婆並獨自承擔所有粗活的媳婦，如果因為禁不住婆婆的惡言相向而宣告無法再獨自侍奉婆婆，老公與小姑等所有親戚都會打電話來批評媳婦的人品，強迫她回到原本的崗位上。無法忍受集體霸凌與暴力的受害學生若向學校暴力委員會檢舉，往往會遭遇更困難的處境。周遭的人不但無法同理受害學生遭受的恐怖對待，反而會指責受害學生破壞班上氣氛、擔心加害學生的未來與升學，並勸告受害學生不要把事情鬧大。其他學生則會提出受害學生平常令人討厭的行為，來擁護加害學生。

協力者假扮成善良調解人來阻擾

協力者相信自己是中立且公正的，但比起犧牲者，他們心理上更接近主導者。因此，他們會和主導者一起經歷著有毒關係崩塌時所感受到的心理危機。他們希望有毒關係能維持現狀，於是試圖讓反抗與抗議的犧牲者坐回原本的位子。從講道理到感性訴求，方法非常執著且多樣，不輸心理學專家。他們訴諸情感且柔性勸說、固執說服，直到聽到答覆前絕不放棄，有時候甚至還會威脅恐嚇。以下介紹他們為了阻止犧牲者反抗時，所使用的代表性手段。

① 強調共同體價值

如前述，有毒關係主要發生於家庭、職場、學校、情侶關係等，封閉且具有強烈凝聚力的共同體上。主導者或協力者將共同體的存續以及共同體的精神遺產，做為維持有毒關係的工具來利用。尤其是家庭和諧，無論在什麼樣的社會裡，都會被視為絕對的價值。有毒關係的主導者或協力者，將有毒關係包裝成家人之間的感情、道理或文化，並且認為犧牲者保持原樣才是具道義或道德的，與此相反則是違背倫理、不道德的，藉此誘發犧牲者的愧疚感。但這就像是為了傳播神的愛而犧牲掉數萬人的生命一樣，是前後矛盾且不道德的。傳統與道德最初會存在，是為了讓活在共同體當中的人們能夠幸福，是為了讓共同體內的人們更加幸福、更加長久生存，而不是為了讓共同體內權力者的權力更加鞏固、奴役共同體內的弱者。因此，共同體的精神價值應該永遠都是互相的，不該只有一個人遵守。

所以你不需要把擺脫有毒關係的行動，當作是在破壞家庭、學校或公司的共同價值，而感到內心不自在。沒有任何一種共同價值，是需要犧牲掉某個人的幸福與權利才能守護的。兩人之中，只有一人單方面保持禮貌，是假禮貌真虐待；一個團體當中，只有一個人獲得利益與安逸，是假傳統真掠奪。假如某個共同體能容許這樣的傳統與文化存在，就意味著該共同體有嚴重的結構性問題，並且已經失去了該共同體存在的價值。你是為了幸福而生，為了達成你自己的價值而存在，你並不是工具。你的幸福就是共同體存在的目的，丟掉這些已經失去價值的傳統與共同體帶給你的愧疚感吧。

②以主導者與犧牲者的共同事物為人質

如果是夫妻之間的有毒關係，子女就會被當作威脅犧牲者的工具。他們用養育問題或孩子們可能受到傷害，來刺激想擺脫有毒關係的配偶，指責犧牲者是有意破壞子女未來的元兇。有時候也讓子女代為傳達特定的話，更有甚者，讓子女成為回報犧牲者行動的間諜。他們會固執地不斷嘗試，讓另一半感覺自己就像是為了個人幸福而拋棄子女、不負責任的罪人。

他們是抓住人質並企圖徹底實現自己要求的恐怖分子。他們雖然殘忍地用槍威脅著犧牲者，但犧牲的卻是年幼子女們的未來與幸福。再怎麼樣把人質的人身責任推卸給對方，本質上該負起責任的仍舊是危害人質安危、舉著槍的恐怖分子。當然，應該沒有人的心不會因為子女的未來而有所動搖，但重要的是要冷靜下來，雖然你無法從子女們的未來或傷害中徹底脫罪，但這是需要你和子女們一起討論的事，並不能由罪魁禍首的主導者來定論。不要讓主導者與協力者所種下的愧疚感影響了你的選擇。

主導者和犧牲者如果經營共同事業，或全部財產中共同財產的比例很高，主導者與協力者就會以此為籌碼，防止犧牲者離開此段關係。假如家人之間一起經營事業，即使犧牲者往往讓步與犧牲最多，也通常是最沒有決定權、沒有發言權，利益分配也輪不到他。如果犧牲者想擺脫有毒關係，主導者與協力者就會強調一路以來的努力很可惜，或是家庭事業對犧牲者個人的未來而言將有多大的幫助，強迫他們從實際利益面來思考。

假如他們真的擔心犧牲者的利益，為什麼當犧牲者因有毒關係遭受損失時，他們卻無動於衷，現在才來添亂呢？有毒關係的主導者絕對不會感謝犧牲者長期以來的辛勞，也不會進一步重新分配利益或讓出部分事業。對他們而言，犧牲者的奉獻是應該的，也是自己應該享有的權利。理所當然的事為什麼要付錢呢？記住，在有毒關係裡，主導者與協力者共同的防衛機制是否認（denial）與合理化（rationalization）。

他們要的不是重新建立公正平等的關係，而是以現在不變的動態關係維持有毒關係。我遇過的大部分有毒關係犧牲者，在兄弟姊妹中只繼承了最少部分的遺產。如果他們一直以來都不了解你的辛苦與奉獻，未來會了解的可能性也很小。不要被偽裝成擔心的威脅或欺騙所蒙蔽了，比起他們對自己意圖的解釋，請專注在他們言行的結果。不該再放任他們把你當小孩子對待、欺騙你，為了自己而消耗你珍貴的人生。

③以錯誤的普遍化動搖犧牲者的常識

前面我們提到了普遍化，是有毒關係中犧牲者在擺脫穩態應變時，找回正常標準的心理過程。但有毒關係的協力者也會利用普遍化來約束犧牲者，他們會用以下的方式為主導者的行為辯解：

「你誤會了，世上哪有不愛子女的爸爸？其他人家裡也是這樣的，這都是愛的表現。」

「朋友之間都會比力氣、惡作劇的不是嗎？其他老師的班上也有很多這種事，不是所有事都能介入的。」

雖然都是普遍化，但問題在於普遍化的方向。協力者所使用的普遍化只用在正當化主導者上，他們反覆強調犧牲者在有毒關係中所遭受的損失與非人性對待，在其他人家裡、其他關係中也會發生，藉此將犧牲者受到的待遇包裝成正常且正當的。此外，他們也會使用這樣的普遍化：

「這世上沒有壞人，你的真心總有一天會被理解。」

「老實說，哪有人的心是不善良的？妳好好引導妳老公就好了。」

這樣的普遍化是在說服犧牲者：每個人心裡都有某種程度的善良，而主導者也是人，所以要容忍主導者展現的惡毒面貌。但每個人內心沉睡的善良的一面（大概因為是人所以存在），並無法使主導者一直以來的粗言與暴力變得可以忍受。混了毒的葡萄酒，無論品質再怎麼好，葡萄酒的甜始終無法把毒稀釋掉。因此，這個說法也無法成為主導者未來對待犧牲者的方式會有所不同的根據。

我們每個人都想相信自己人生或人際關係的幸福程度高於平均，至少不會太過不幸。無論是誰都很難承認，自己連最親近的人的愛都得不到，以及自己會遭受不當待遇。協力者扭曲的普遍化對犧牲者而言是在深入探究這一點——其實這段關係也沒有那麼不妥，是犧牲者太過敏感地看待這件事，「因為每個人都有善良的一面」，只要用盡真心，總有一天可以恢復彼此的關係並且被愛。犧牲者聽了協力者的話後，就會期待主導者有一天能明白自己的心，並決定等待。就這樣，他們回到沒有約定期限的奴隸生活。

但犧牲者在扭曲的普遍化中漏掉了一件重要的事——為什麼是你呢？你並不是因為經歷到如老去、生病，這類人類必經的普遍性痛苦，所以才會生氣。又不是不口出惡言就會斷氣，也不是不行使暴力就會生病，那為什麼身邊沒有人遭受這種待遇，只有你要受苦呢？為什麼有一百萬種方法可以不這麼做，你卻會毫無理由地被他們折磨呢？這些才是你感到不合理與憤怒的原因，你希望的只是結束痛苦。協力者乍看像個正人君子，但看似豁達的普遍化並無法給出任何答案，只是在說服你，堅持下去的話，總有一天好日子會到來，所以你只要待在原地就好。他們並不是在解救你，而是在施打讓你無法脫離天羅地網的麻醉藥，當麻醉藥效退去，你依舊在原地痛苦。

有毒關係動搖時，主導者所表現出來的反應

當犧牲者宣告再也無法繼續處在有毒關係中，或對有毒關係表達出憤怒時，主導者們表現出的反應大致相似。他們會完全否認有毒關係的存在，他們的態度會相當理直氣壯而且有自信，想擺脫有毒關係的犧牲者往往因此感到混亂。主導者的態度理直氣壯，加上與其同調的協力者，想當然耳，獨自一人的犧牲者就會感到混亂。

他們絕對不會記得自己的暴力與惡言。他們的情感變化，與罪犯或做壞事的人為了擺脫懲處而拚命說謊的超我焦慮不同。他們是真心為犧牲者不聽從自己的話感到氣憤，也是真心為自己的行為被曲解感到委屈。但儘管如此，他們仍會強力拒絕回想自己做過的言行舉止，並感到非常憤怒。一般人看來可能真的以為他們是受了委屈，但以精神醫學的角度來看，這明顯就是病態的反應。

明明不記得自己的暴力言行，卻仍拒絕嘗試提及或同理犧牲者的傷痛，且為此感到氣憤，這是主導者表現出的「貶低」（devaluation）防衛機制。他們為了擺脫自己的焦慮與罪惡感，一直以來都在利用並壓迫犧牲者。對他們而言，犧牲者是沒有心的存在，所以也不需要照顧。與其說他們拒絕感同身受是由於「不要讓我為沒做過的事背黑鍋」的委屈，不如說是由於「怎麼能把這微不足道的人看作是和我擁有相同權利的人類？」的委屈。第二次世界大戰時，希特勒對待猶太人的方式就是如此。有位主導者甚至在診療室這樣對我咆哮過：

「小孩子哪有什麼心靈，就算有，我也不想要。醫生你憑什麼讓我兒子說出他自己的想法？」

因此，當犧牲者提出法律訴訟或嘗試分離時，主導者就會非常憤怒。因為若是有毒關係脫離了封閉的團體，主導者就必須把自己內在世界裡不過是無生物的犧牲者，當作與自己同等的人類對待。最後，主導者仍不會對自己的行為有任何道歉或解釋，只會單方面地主張要求犧牲者撤銷告訴或取消行動。因此，沒必要被主導者表現出來的理直氣壯或委屈所迷惑了，那並非無辜之人的理直氣壯。

主導者與協力者最終會有的行動——詛咒與斷絕關係

主導者與協力者是很沒有耐心的。他們認為對拒絕有毒關係的犧牲者進行柔性勸說並不合理，因為犧牲者在有毒關係中所經歷的一切都相當理所當然，而為了維持這段關係如果還需要說服犧牲者的話，這是令人非常不悅的。所以把犧牲者重新拉回有毒關係中的過程，主導者與協力者會認為自己已經相當容忍，是出自善意來做這些根本不需要做的事。一言以蔽之，他們已經相當通融了。

「現在已經忍無可忍了！」

中世紀的貴族或朝鮮時代的貴族訓誡僕人時，往往會這樣大聲喝斥。當他們原本就非常短暫的寬容消失後，便會氣憤地表露出自己的本意，然後就像被欠錢的債權人一樣放聲怒吼，宣布要斷絕關係。

「好啊，就算沒有你，『我們』也會過得很好，你以後就不要後悔。」

他們瞬間否定了自己在柔性勸說犧牲者時，提到的家人與共同體的珍貴、需要一起守護孩子們的未來、每個人都有善良的一面等說法。因為他們所說的家人與共同體，是排除犧牲者的「我們」；說要一起守護孩子們的未來，卻比他們的自尊與固執還不重要；說每個人都有、再等等看的人性善良的一面，是不屬於犧牲者的故事。更有甚者，面對比誰都還要遍體鱗傷的犧牲者，主導者與協力者會詛咒他們的未來，或要求他們償還目前為止自己施予的恩惠。

犧牲者的要求並不是斷絕關係的最後通牒，即使能達成以下兩者任一，情況都會截然不同：擺脫這過於費力的關係，進而自由地獨自找尋自己的幸福；或者就算繼續維持這段關係，自己的處境與權利也能獲得起碼的認同。但比起給予犧牲者身為人的權利，大部分有毒關係的主導者與協力者都會毫不猶豫地選擇斷絕關係，因此和平擺脫有毒關係、相互理解的方法其實並不存在。

虛假的愧疚感與誇大的危機感——擺脫脫序

脫序，崩塌的世界

脫離有毒關係前期的路，並不像金東里的小說《驛馬》裡最後一幕那樣，是越走腳步越輕盈，還哼著歌的輕快自由之路。若用一個詞表達第一次抵抗有毒關係時犧牲者的心態，可以說是脫序（anomie）狀態。脫序意指由於外在的混亂，規範與價值觀崩塌，進而導致社會或個人的不穩定狀態；而本書中所說的脫序，主要指的是個人的不穩定狀態。一直以來珍視且守護的某種熟悉又堅固的東西被打破，進入連目標是什麼、應該往哪走都不知道的狀態。犧牲者在這時期經歷極度的混亂，他們嘗試抵抗折磨自己的有毒關係，也如願徹底執行，為什麼內心還會陷入混亂呢？原因有以下兩點：

①難以接受自己是有毒關係的犧牲者

我們的心並不是按照這世界原原本本的樣貌來認識世界的，而是接收到世界的一部分之後，在腦中以此做為代表形象，進行儲存與處理。精神分析之父佛洛伊德（一八五六～一九三九）稱這種形象為「表徵」（representation）。舉例來說，我們心裡都有某種定義父親、朋友的代表形象，這表徵的一部分來自於自己實際經歷到現實中的父親與朋友，剩下的部分則是由書本或電影裡學到的概念性形象所組成，前者與後者有著明顯的差異。在古老的故事、電影或電視劇等媒體中，父母是永遠有著無限的愛與責任的崇高存在，即使父母的行為讓子女受了傷，子女也總有一天會流著淚領悟到那都是父母偉大的愛，只是當時還不明白。

然而，這是沒辦法直接套用到現實之中的形象。現實中，有母親把女兒辛苦賺來的錢給兒子做為創業基金揮霍殆盡，有老人家因為過節時子女不聽從自己的要求而把房子燒了，也有性侵自己親生女兒的父親。但我們的大腦無法清楚區分學習到的表徵與經歷過的表徵，尤其是向外力量較弱的犧牲者大腦，他們相信學習到的假想表徵是真的，而誤以為自己親身經歷的父親樣貌是心理上的錯誤。因此他們相信且幻想著，如果自己當個乖孩子，總有一天就能重新找回過去無法得到的愛，像解除魔法後變回王子的青蛙，成為幸福家庭裡備受疼愛的孩子。但透過抵抗有毒關係，大腦已經某種程度找回了現實感，所以當意識到這一天永遠不會到來的那一刻，那些相信著總有一天會盡到價值而投入的所有心靈支票，就成了廢紙碎片。

②犧牲者喪失了人際關係裡距離的概念

有毒關係是由1和0的二進位所組成的。犧牲者一直以來被強迫在極端的選項中選擇——百依百順的乖孩子，或是人神共憤的混蛋；犧牲一切的奴隸，或是背叛共同體的叛徒。但人與人之間的關係並不是非1即0，而是在這之間浮動，只是因為主導者不斷忽視犧牲者的情緒與私生活間的界線，並隨自己的心情任意進入踐踏犧牲者固有的領域，所以犧牲者並沒有這種認知，而且不會相信即使關係破裂，還是可以再次復原。只要有人試圖稍微和自己保持距離，犧牲者就會認為這是對自己存在的否定，並視為嚴重的危機。剛開始對有毒關係舉起叛亂旗幟的犧牲者，會出現逃亡者的心理。對國家、民族或家庭等巨大的體制舉起叛亂旗幟的同時，便有了無法回到平凡人類社會的念頭，他們感到被過去認識的所有人責備，進而被後悔與愧疚感主宰。而協力者會提及家庭、倫理、團體、人性等對自己有利的既有秩序，不斷企圖攻擊犧牲者的道德問題，也加重了這樣的愧疚感。在這樣的情況下，犧牲者的心就像電影裡警察包圍下，被獨自困在大樓裡抗爭的恐怖分子，走向極端；他們要麼放棄一切走出大樓，戴上手銬進牢房，要麼就燒掉一切。感覺他們就像只有這兩條路可以選，被迫做出極端的選擇。有毒關係徹底把犧牲者推向1和0組成的極端選擇。

克服脫序——別把罪惡感與危機感當作你是罪人的證據

建立脫序概念的十九世紀末法國社會學家涂爾幹（一八五八～一九一七）強調，自殺比起個人層面的問題，更應該說是因社會條件產生的。他也提及「脫序型自殺」，在人類社會的價值、規範、道德倫理被動搖的狀態下，自殺率就會提升。實際上，對有毒關係的犧牲者而言，當圍繞自己的所有環境與價值觀改變時，就是他們會感到最危險與不安，也是最常求助於精神健康醫學科的時候。遺憾的是，許多犧牲者沒辦法度過這個階段，最後又重新回到有毒關係。主導者與協力者殘忍懲罰試圖逃脫的叛徒，進行比從前更加強烈的壓迫，有時他們還會諷刺或嘲笑犧牲者對自由的吶喊。接著，忍無可忍的犧牲者再次不斷因憤怒而前進、因脫序而後退，反覆經歷著有毒關係最痛苦的部分。但若明白了有毒關係裡脫序的本質就會發現，其實就如《綠野仙蹤》裡，利用粗劣技法偽裝成馬戲團大魔術師的魔術一樣粗糙。當完全擺脫有毒關係的犧牲者後來意識到那其實是輕而易舉且沒什麼大不了之後，便會後悔沒有更早脫離、浪費生命，甚至感到憤怒。

你心裡的危機感被莫名誇大了

有毒關係的犧牲者在各個方面都會被莫名其妙地貶低。為了操控犧牲者，主導者與協力者讓犧牲者相信自己是無能、缺乏社會性且沒有生活能力的人。即使成功，那也不是因為犧牲者的努力，而是多虧了有主導者的支持，像這樣搶奪功勞。以K的案例來看，他的家人們即使看到他為了升上專科醫生好幾年不能好好睡覺、疲憊而辛苦的樣子，依舊認為他是在瑣碎小事上裝模作樣。除此之外，嘲笑一些破產牙科的八卦也是K的家人們飯桌上常聽到的話題。相反地，對於住在首爾準備行政考試好幾年都落榜的K的哥哥，卻說他是在應考超級困難的考試，不吝提供公寓等支援。另一方面卻不允許K離開他們所居住的A市，理由是K沒有能力也缺乏社會性，所以到他可以好好盡到身為人類的職責以前，都必須要和父母住在一起。

就像這樣，有毒關係裡的犧牲者絕對得不到公正的評價。最常被貶低的就是主觀的人性、社會性、態度等，最容易根據主導者的心情，被毫無根據批評的部分，對被批評者來說，也是最傷人的部分。犧牲者當然會失去自信，懷疑脫離這殘酷但又熟悉的關係後自己能否獨當一面，主導者與協力者還會在犧牲者身上，種下這世界「都是壞人」、「只是想利用你」的恐懼。

如果你是有毒關係的犧牲者，不需要害怕主導者與協力者所創造出，關於你的負面形象。他們的評價與客觀性這個字眼完全扯不上邊，你只是被他們誘導導致沒有自信。證據就是，他們通常都會批評那些無法客觀評價的特性，例如犧牲者的個性和態度。他們絕對不會告訴你具體來說你哪裡應該遭受批評，或是該怎麼改進。這些批評透過投射性認同而變成了你的無力感與愧疚感，成為他們也無法控制的問題，但相反地，這也說明了你的潛力有多龐大，你對有意義生活有多渴望。

因為即使身為犧牲者，即使被不公平地視為問題的原因，即使必須長時間扮演接受他們情緒的垃圾桶，你依舊對人生抱有堅定希望。因為即使你被當作沒有情感而受他人情緒籠罩，即使你最珍貴的精神資產——自尊被傷害，你依舊勇敢地正面迎戰這些不當行為，表達出你的憤怒。在如此壓迫的情況下，你仍保有相當的潛力與勇氣。請想像一下，當你擺脫所有圍繞在你心靈的惡性限制時，你所擁有的希望會變得多大，你的人生會比現在還多有意義。

你心裡的愧疚感並不能證明你就是罪人

犧牲者的愧疚感也是導致脫序狀態的重要原因之一。即使因為再也無法忍受自己遭受的不當行為而發出吶喊，那也只是暫時的，接著就會像是犯了什麼滔天大罪一樣感到內疚。擺脫了與父親之間有毒關係的兒子，只要在電視上看到強調親情的新聞或電影，就會受不了轉臺；在看到許多小說與教科書等媒介中出現父親去世後，兒子太晚才意識到父親偉大的愛而流淚的情景，就會感到揮之不去，害怕自己是不是做了無法挽回的事。

但現在所感受到的愧疚感，不代表你遭受到不當對待後產生憤怒是錯的。人與人之間的關係並不像電燈開關一樣只有開跟關，比較像是天空中的彩虹，難以區分光譜的哪裡到哪裡是紅色、哪裡到哪裡是紫色。就如風中搖曳的葉子也不得不掠過旁邊其他樹木或葉子一樣，我們每個人都是在與身邊的人稍微摩擦的過程中生活。因此維持人與人之間關係的是「歉意」的情感與「原諒」的行為，不是租房子或商業往來那樣以備忘錄或合約建立的關係，而是與家人、朋友、師生間等抽象概念所聯繫起來的所有關係，這必須要有對彼此的歉意與原諒才能建立起來。但在有毒關係中，只有犧牲者懷有歉意與原諒。犧牲者的情感在彩虹的紅與紫之間這塊不明確的地方徘徊，不斷地厭惡後又原諒，有時又感到內疚與動搖；另一方面，主導者的情感則像電燈一樣，不是開就是關，如同房東與房客的契約，今天繳不出房租就必須退租，亂下最後通牒，沒有原諒也沒有歉意。只有聽從要求，馬上放棄異地工作、搬回自家旁的才是兒子，不聽話就不承認是自己的兒子，沒有中間地帶，而是強制債權人與債務人的關係。

因此，試圖結束有毒關係時所感受到的愧疚感，並不代表你就是罪人。不能因為感到內疚，就以為自己的行為是錯誤的。這是身為人類理所當然會感受到的情緒，是你正在用愛對待他們的證據，也意味著你希望和他們建立起正確且健康的關係。有毒關係裡因為投射性認同而出現的愧疚感，會不斷傷害你的自尊，並使你感到無力，但此刻因為自己的行為而出現的愧疚感，是你正走向正確關係之路的證據。藉由這種方式處理動搖與愧疚，你將會比現在更加堅強與幸福。

脫序是因為改變而出現的，改變的幅度越大，即意味著有毒關係對你的束縛越大。當你度過了脫序狀態，擺脫了綑綁住你的有毒關係後，你將走向前所未見的新世界。在那個世界裡，就算你在想要的地方，和想要的人一起，說說真心想說的話、想做的事，也沒有任何人會只憑自己心情不好，就對你又打又罵或嘲笑。

痛苦結束後才會迎來真正的悲傷

人生會繼續

「好啊，我們就看看拋棄父母的傢伙能過多好！我們就當作沒你這孩子。」

「這是需要報警的事嗎？怎麼能因為兩個人稍微吵架就去舉發男友呢？像妳這樣的女人我現在拒絕往來了。」

當主導者與協力者意識到犧牲者不會再被他們的恐嚇、懷柔、威脅所操縱的那刻，有毒關係就結束了。他們不可能真心接受犧牲者的要求，也不可能改善狀態來維繫關係。所謂的有毒關係就是這樣，響不停的手機突然安靜，吵鬧的四周像騙人似地寂靜。犧牲者擺脫被隨著他人心情隨意對待與操控的人生後，第一次找回了人生的主導權。有了平靜的心與自己獨有的時間後，他們會開始思考人生。那麼，擺脫了有毒關係的犧牲者，從現在開始就能幸福了嗎？

長期受錯誤人際關係所苦的人們，誤以為只要人生中少了這個人，一切就會自動填滿；就如同經歷過貧窮之苦的人，以為只要擺脫貧困，人生就會馬上變幸福一樣。然而，彩券中獎而一夕致富的人當中，也有人瞬間散盡所有獎金，落入比以前更深的苦海；脫離艱困的童年後年紀輕輕就出名的明星，陷入酒與毒品的泥沼，進而自殺的情況也不少見。因為長久持續的不幸奪走了我們正常的感覺，所以即使那些折磨自己的東西消失了，我們的人生依舊是不完整的。然而，幸福的人生不是他人賦予給我們的，而是我們自己創造出來的，這是非常平凡的真理。

有毒關係物理性結束後的這段時間，「悲傷」的情緒會強烈籠罩犧牲者。不管那關係有多毒，依舊長期以來都是自己的一部分。就像無論是健康的器官或是惡性腫瘤，從身體切除時都會流血、發炎一樣，人生中當我們與精神層面上的某個東西分開時，過程中會產生必然的痛苦。並不是只要有毒關係結束，我們就能變得幸福。

痛苦結束後才會迎來真正的悲傷

經歷過精神性創傷的人們，總會在事件結束後才更明顯感受到痛苦。面對短時間難以接受的痛苦，我們的心為了保護自己，就會凍結自己的感受。就像是被老虎追趕的時候，為了不因為恐懼而使雙腳動彈不得，連結情感與身體的下視丘會阻斷情感與身體的反應一樣。然而脫離危機之後，暫停下來的反應便會再次襲來，讓身體像白楊樹一樣顫抖，或是突然傷心地哭起來。這些人因為一直以來情感都無法被認同、沒處理過這樣的情感，所以不知道這是什麼樣的情感，不知道從何而來、會持續多久、何時結束，甚至不知道這種痛苦是不是情感的一種。

有些人因此沉迷於毒品或酒精，因為麻醉性止痛藥或酒精不僅能緩解肉體，還能緩解精神所帶來的心理痛苦。研究結果顯示，大部分酒精中毒患者或毒犯，都因不幸的家庭關係與艱困的過去而飽受痛苦。有些人則透過心理學書籍或探討心理學知識來知識化自己的痛苦，試圖將自己與痛苦分離。事實上，許多精神醫學或心理學領域的人，自己也經歷過與精神性創傷有關的問題。

因為止痛藥或知識終究無法消除情感，擺脫有毒關係的犧牲者在日常生活中也會有不斷分析與探索痛苦原因的傾向。就像把胃裡的食物吐出來重新咀嚼的牛或駱駝等反芻動物一樣，他們會掏出過去受的傷不斷咀嚼。在心理學上也稱這樣的過程為「反芻」（rumination），他們不看現在，而是往過去、往更過去鑽牛角尖。

告別了暴力及高壓管理父親的子女，比任何孝子、孝女都還更常想起自己的父親。自己有了小孩之後，開心看著他們可愛模樣的同時，內心深處也為父親無法因自己感受到這樣美好的感情而悲傷。隨著年紀增長，他們會不斷想像與揣測父親在自己這年紀時的心情。內心的某一部分永遠停留在有毒關係上，最後連自己剩餘的人生也被有毒關係所種下的毒素給侵蝕，變得不幸。

需要的是推進現在而不是深入過去

一九一七年，精神分析之父佛洛伊德（一八五六～一九三九）在其論文〈哀悼與憂鬱〉（Trauer und Melancholie）中，描述了對於失去的正常反應——「哀悼」與「憂鬱症」（melancholia）的差異。隨著離開有毒關係，患有憂鬱症的人們也失去了自己的一部分。因為過度將有毒關係與自己視為一體，一直以來把自己重要的一部分寄託在有毒關係上，當他們與有毒關係分離時，便會感覺好像少了些什麼。無法接受失去的痛，也失去了愛自己與剩餘世界的力量，當然也就無法建立起新的關係。有毒關係與真正的自己之間的界線變得模糊，他們無法區分哪些內在情感是因外在而起的、哪些是自己真正的情感，因而感到混亂。雖然有毒關係結束了，他們卻仍然是犧牲者。

相反地，順利熬過哀悼（mourning）過程的人，清楚明白自己所失去的並不是自己的一部分，只不過是外在對象而已。擺脫有毒關係後順利熬過哀悼的過程，指的是意識到有毒關係雖然曾經是自己的一部分，但現在已經再也不是了。雖然當下會因為關係消失的空虛寂寞感到痛苦，但隨著時間過去，他們終會明白失去的是外在關係，而滋養自己人生的本質依然留在自己身上。最終，他們從內心送走了有毒關係，並得以恢復對自己與剩餘世界的愛。

佛洛伊德的理論傳達了重要的訊息——關係裡的離別並不是現象，而是自己積極作為的行為。為了不讓有毒關係所留下的悲傷侵蝕我們剩餘的人生，犧牲者必須積極離別，且必須從離別更進一步走向訣別。當不僅僅是肉體，連心靈也都從有毒關係中解放出來，重新開啟人生中其他關係的過程，才能不是「忍受悲傷」的被動過程，而是「從悲傷中站起來」的積極過程。經歷這樣的哀悼後，真正從有毒關係中解放並找回自己人生主導權的前有毒關係犧牲者，可稱為「有毒關係的倖存者」。

從有毒關係殘留下的悲傷中站起來的三階段過程

① 接受失去

剛擺脫有毒關係的你，會有種被獨自留在廢墟裡的感覺。犧牲者擺脫有毒關係之後，還是會很難接受現實，畢竟很難接受應該要愛我的人，卻一直以來都在虐待我，並以扭曲的方式操控我；很難接受我的父母、我的愛人、我的老友，只因為自己的私心就毒害我的人生、對我的人生造成負面影響；也很難接受在這麼多人當中，偏偏那長期承受痛苦的犧牲者是我。

你可能會因為感到沒有未來而備受煎熬，你可能會覺得珍貴的年輕時代已經在承受著壓迫的有毒關係中度過，而且在那過程中應該累積並提升的人生與人際關係，絕大部分都已經崩潰。看著他人擁有幸福的家庭關係、健康的人際關係、親密的朋友關係，就會與自己的處境比較而感到嫉妒，或對過去抵抗不成並失去人生無數機會的自己滿懷憎恨。這樣的後悔、嫉妒與憎恨，會使我們的心不斷回頭往過去看，阻礙我們將目光轉向外在，專注於全新的人生。

現在你需要的不是不停深入過去，而是抬起頭來直視眼前的現實並接受它。你的人生中並沒有那些在教科書或電視劇上看到的幸福家庭關係、彼此尊重的夫妻關係、充滿友愛的手足關係；你應該要被愛、被尊重，在有毒關係中卻並非如此；雖然從親近的人身上承受了痛苦，但遭受痛苦的事實反而被否定或被操控，以繼續順應那樣的關係；以及，雖然大部分都不是你的選擇，你卻因此失去了人生的許多東西。雖然你要承認這一事實，但不必絕望，你所遭遇到的事實，並無法證明你一輩子都必須在不幸中度過。當然，你的人生也不是從此就一蹶不振。

因為有毒關係永遠都奪不走你內在獨自解決問題、治癒傷痛、追求剩餘幸福的力量。當你物理性擺脫有毒關係的那一刻起，你的心會快速改變你自己，擺脫有毒關係之下形成的異常被壓抑狀態——「穩態應變」，找回具備正常感受與標準的自己。剛脫離有毒關係的你，會感受到與之前悲傷被壓抑時截然不同的積極性悲傷，這就是你依舊存在著可以擺脫有毒關係力量的強力證據與正面訊號。若熬過這段悲傷的過程，殘留在你心中的有毒關係將不斷變小。

我一路走來遇過許多有毒關係的犧牲者，也觀察了在他們脫離有毒關係之後，迎來新的悲傷。雖然擺脫了痛苦的關係，接著到來的悲傷會相當令人難過，但我也無數次目睹了他們擺脫新的悲傷之後，開始尋找全新人生的幸福。改變的第一步，即是認知到自己的失去，並從認同這是由於有毒關係所導致開始。當然，你眼前的風景是如此荒蕪，而你手中就像什麼也沒有一樣，因此你可能會害怕承認這一切；彷彿承認了這一事實的瞬間，你就會變成不幸的人，新的悲傷會毀了你的人生一樣。但出乎意料的是，如果要真正從有毒關係的影響中復原並展開全新人生，你就要從這裡開始。

有毒關係存在的地方比你所知道的還多，受有毒關係影響的人也比你想像的還多，但是有許多人勇敢地克服了失去的痛，打從心裡擺脫了有毒關係的影響，重新找回自己的人生。有毒關係並不是神賦予你的殘忍刑罰，只不過是世上諸多痛苦中的其中一種。所以接受發生在你身上的不幸吧，過去有毒關係所帶給你的傷痛並不是因為你做錯了什麼，也不是你的選擇，你不應該受到那樣的對待。有毒關係中沒有任何值得學習的地方，也沒有任何需要你反省的部分，所以你不需要太擔心。即使承認失去，你也不會崩塌，因為你的心打從一開始就擁有可以克服這些的力量，所以才能走到這裡。挺起胸膛、抬起頭，直視眼前的現實吧，因為你必須在下一個階段看著他們的影響力在你的心裡變小，並看著復原的自我填補上那個位置。

②製造有毒關係與我之間的界線

斷絕與有毒關係主導者之間的關係，並非從有毒關係中解放的必要條件。克服過去並不代表就要斷絕過去的關係、消除那些記憶，並變成沒有過去的人。反而是要承認過去發生的事，並接受那只不過是過去，當我們再次遇到相同的事時，可以用不同於以往的方式來應對。與有毒關係分離，意味著我們的情感不再受有毒關係所影響，因此我們的選擇不是為了主導者，而是完全為了自己。

被有毒關係掌控的犧牲者，無條件地把主導者對自己說的話當真，也把主導者的情感當作是自己的。主導者因個人問題而發脾氣責備犧牲者時，犧牲者會做出無意義的努力，試圖從自己身上找出讓主導者生氣的原因，並加以改進；然而，擺脫有毒關係的倖存者會意識到主導者生氣的理由，基本上是因主導者自己的問題而起，轉而尋找避開主導者無節制憤怒的方法，或是抵抗那些加諸在自己身上的不當情感表達。犧牲者會把主導者反覆無常說出的負面評價，當作是對自己的絕對性評價；但倖存者只會把那些當作是這世上無數關於自己的評價中，其中之一來看待。

在有毒關係中，犧牲者的人生不過是隨著主導者需求而被消耗的工具，甚至這種犧牲是即使犧牲者已奉獻了全部的人生也不會被認同。有毒關係的倖存者則認同自己不可能滿足所有人，就算當下聽到別人說了不好的話，自己還是可以選擇真正想要的人生，而就算那選擇是錯誤的，也因為是自己的選擇，所以可以盡量反省自己的錯誤，當作未來做出更好選擇的借鏡。

犧牲者與倖存者的差異，最終取決於能否區分有毒關係所帶來的眾多負面表達與自我評價，是來自自己真正的情感，或只不過是他人向自己發出的無數訊號之一。聯不聯絡、住得遠近，這些都不重要。心理學上這種一人以上的聚集關係裡，如何區分交流時的各種情感或想法哪些來自於自己、哪些來自於他人的能力，稱為「自我界線」（ego boundary）。即在複雜的人際關係裡，人的心會扮演如同皮膚或盔甲般保護自己的角色，而當有毒關係主導者要利用你來解決自己的問題時，就必須從你身上消除這種心理作用。主導者希望把你的心當作手段來利用，但你擁有的自我界線會妨礙到他們的這個目的，因此他們會透過侵害你的私生活、隨心所欲把你呼來喚去、監視你是否有好好聽話等非人性行為，不斷消除你的自我界線。

你的自我界線越是堅固，主導者越會失去對你心靈的非法影響力，接著便不會有人可以隨意操控你的心，你就因此有了克服悲傷、再次站起來的力量。當然，當你的自我界線越明確，主導者也會感到越不舒服，也許他們就會因此自己疏遠與你的關係。但這些是他們的問題，不是你的問題，他們必須自己解決。我經常這麼說：

「假如你明確擺脫了有毒關係的影響力，而且可以將為自己做選擇擺在人生中的首位，那麼即使以後和他們再次建立關係，那時的你應該就能分得清這是人與人之間健康的關係，或是又再次被他們的欲望所控制的有毒關係。到時候就請你選擇吧，是否要接受他們成為自己身邊的其中一個關係。」

③把新的情感與關係刻在身上

擺脫有毒關係的犧牲者們常常這樣問我：

「多虧了您，我才能脫離有毒關係。現在的我已經不會像以前那樣被愧疚感折磨或害怕得發抖了。但該怎麼說呢？有時候會有一種感覺襲來。雖然比以前舒適，但卻無聊又空虛。」

這種時候，我通常會這樣回答：

「因為幸福並不等於沒有不幸的狀態。出乎意料之外地，脫離不幸的人們所感受到的是無聊、空虛之類的情感。這時候需要用新的情感與新的關係來填滿那些空缺。」

沒有人是在不幸的狀態下出生的，當然也沒有人一生下來就是有毒關係的犧牲者。然而，長期的有毒關係就像刺青一樣，在犧牲者的身心上刻下了不幸、痛苦與無力感，光憑擺脫有毒關係無法消除不幸的殘餘。因意外而突然失去愛人的人，會因為對方在日常生活中所留下的痕跡而痛苦不已。離世的人就像還在隔壁房間睡覺一樣，似乎叫他的話，他還會若無其事地回答。這是因為雖然大腦知道那個人不在了，但身心還無法習慣那人不在的世界，只有在日常中長時間並多次確認那人已經不在了之後，我們才能接受沒有那個人的新世界。不僅是相愛的關係，長期受傷的關係也是如此。即使人生中主導者與協力者的影響力消失了，他們留下的痕跡仍然會長久存在。因此犧牲者們誤以為有毒關係仍持續著，所以會抱著和之前差不多的不幸感覺繼續生活。儘管大腦知道，身心卻還是像古典制約一樣做出反應。

精神健康醫學科的諮詢過程中，有一個稱為「修通」（working through）的過程。人的思考與行為無法只靠一次的醒悟與洞察就改變，人生不會只因一次的變革就有戲劇性的轉變，必須經歷過好幾次的洞察與醒悟，並反覆且有意識地將此反映在自己的生活中。如此一來，精神上的變化才能被廣泛應用在日常生活中的行動與感受，透過這個過程，你也才可以體會到新的生活方式。我稱這樣的修通過程為把醒悟與改變「刻劃全身的過程」。此外，把新的方式刻在自己身上會花費比想像中還久的時間，而且會需要多次的嘗試錯誤。

在有毒關係中，主導者與犧牲者的關係是單純的。主導者奪走一切，而犧牲者則給予全部；主導者負責說，犧牲者負責聽。如果不能單方面按照主導者的意思，犧牲者就會遭受到暴力或威脅，以及收到最後通牒——斷絕關係。但新的關係會比這種關係複雜和微妙好幾倍，沒有所謂全部奪走或全部被奪走，單方面說或單方面聽之類的情形。有時候是我提出要求，有時候則是我要傾聽對方的要求；有時候我需要讓步，但有時候我也不能屈服於對方的威脅，必須讓對方依我的意思去執行。如果關係對我造成了傷害，那麼就應該疏遠；有時候我想要縮短關係，反而可能被對方拒絕。我和對方無法同時都被滿足，所以我必須知道自己想要什麼，有時候必須讓對方失望，而後再為此結果負起責任。

雖然在新的關係中，你可能會經歷許多嘗試錯誤，並感到混亂，但這不是一件痛苦的事。因為你可以透過這過程發現自己在自由同等的關係裡真正的模樣，而不是在壓迫的關係中被他人強迫的模樣。此外，透過這個過程，你會明白雖然和其他人的關係比想像中複雜，卻同時是安全的。這世上有著數不盡的各種關係，不會因為一次的失敗或衝突，就無條件地使關係永遠斷絕。你也會因此知道人類的關係是流動的，既有的關係當然有可能會斷絕，但你可以隨心所欲地建立起新的關係。

如此一來，你的身上就刻劃了新的想法與習慣。當你發現世界比想像中的安全和宜居，你也比你以為的還要不錯，就是你意識到自己真正想要的是什麼了。就像身體熟悉了練習很久的舞蹈動作，於是無意識地動起來一樣，你漸漸愛上了自己、新的關係與世界。你的心會回到因有毒關係受傷變形以前的樣子，最後，你會成為不是為了被愛而證明、努力和費力的人，而將會成為「自然而然愛著原本的自己」的人。我稱實現這些變化的你為「有毒關係的倖存者」。

擺脫後開始的變化

從新世界走向新關係

K斷絕與父親的有毒關係，是在他說出想去首爾的那天晚上。他想離開沒有自由的A市，去廣闊的世界學習更多東西。雖然因為父親的命令，他不得不留在A市，但想在新的地方體驗更多東西的渴望，總是使他很焦躁。K的父親當然反對。根據他父親的說法，家人不能離開彼此，K離開他身邊去別的地方也學不到什麼東西。K的哥哥住在父親提供的首爾公寓準備了好幾年的考試，但他父親似乎連解釋都不想解釋，也不覺得有必要。因為K的哥哥和K不同，哥哥是「特別」且「要做大事」的人。

那天晚上K的父親毫不留情地再次打電話給K，像從前一樣一句話也不說，並在K詢問有什麼事之後，開始不分青紅皂白地飆罵。雖然他說做子女的沒有對父親盡到本分，但也一如往常地沒有具體說明那所謂的本分到底是什麼、應該做什麼來盡本分。接著，K第一次大聲向父親追問到底為什麼要對他如此狠毒。K的父親似乎啞口無言，只能結結巴巴地發出聽不懂的聲音。K被自己也不清楚的憤怒給籠罩，不想再聽下去，於是把手機砸向牆壁。手機沒有摔壞，只有螢幕破裂而已，另一端傳來K的父親喊叫的聲音：

「把我養你的錢還來，把我養你的錢都給我還來。」

K非常心痛，按下電源鍵把手機關了，之後再次往地上摔。這次K的手機終於支離破碎。

幾天後，K來到我的診療室，他用顫抖的聲音訴說著自己遇到的事。即使買了新手機，他也一直關機著，因為媽媽和哥哥不停奪命連環叩。他們甚至傳來K的母親罹癌病危的簡訊，健康的人當然不可能在短短幾天內就罹癌並徘徊於鬼門關。他們為了引發K的內疚感，甚至不惜拿家人的安危來撒謊。

K因為悲傷與憤怒、害怕自己沒有未來、破壞家庭關係的愧疚，整個人失魂落魄。我擔心他會因為脫序而自殺。他哽咽著不斷地問，他是不是做錯了。K被愧疚感包圍，看起來就像無論是誰都好，只想獲得某個誰的原諒，讓他減少一點愧疚感。但同時K也擔心一輩子都得像這樣離不開沒有自由的A市，而害怕得直發抖。雖然沒有做錯什麼，但K的行為彷彿就像犯了可怕的錯誤後，向神父告解懺悔的罪人。

我很苦惱。評價患者行為的對錯是精神健康醫學科醫生的大忌，因為醫生不是法官、法律專家、神，更不是能替患者做人生重要決定的人。但如果就這樣讓K再次回到有毒關係裡，他的痛苦肯定是無法終止的。

思考了許久之後，我對K說：

「我們聊了很久關於你的家人帶給你的內心煎熬，我知道你不是沒有責任感的人，更不是不對父母盡本分的人。任何一種關係都不是在計算得失，而是即使在愛與感情交織的關係中對彼此感到失望，仍然會選擇原諒。如果你很難判斷你與家人之間的問題是因為愛，還是因為有毒關係而引起，那麼請先以你自己的心為優先。我知道你已經因為這個問題苦惱了很久、忍了很久，所以現在即使你暫時讓家人失望了，我也認為你的選擇絕對有資格得到家人對你的體諒與原諒。」

我不知道我那天的建議是否影響了K的心，但下一次的回診他並沒有出現。

我漸漸忘記K，幾個月後的某天，他突然出現在診療室，開始訴說過去這段時間所發生的事。

在有毒關係之外

對任何人而言，在新世界裡跨出第一步都是一件困難的事，而對於有毒關係犧牲者K而言，這更是困難好幾倍。創傷後壓力症候群患者要恢復日常生活會遇到最大的障礙，即是日常感受被過去事件的記憶所顛覆。微小的噪音感覺都像是巨大的威脅，平常走的路也彷彿災難現場。有毒關係的犧牲者也是如此，長期暴露在有毒關係下的他們，已被奪走了正常人際關係中該有的感受。

K在適應首爾生活的期間，持續維持三週一次到我的門診回診，每當他跟我敘述他的生活，以及在那之中所感受到情感上的不適，我就會反覆為他釐清，一起分析那是他自己的，還是有毒關係所殘留的情感。有毒關係犧牲者K在新環境中開始新生活時，所經歷情感面的困難以及克服的過程，如下所述：

①擺脫感覺自己快要消失的不安感

表達出憤怒的K已經沒有退路了。儘管K的父親在K無條件聽話時，也從未給過他人性對待，K的父親也是不可能容忍兒子反抗自己的。假如K重新回到A市，那麼在他眼前等著他的就會是漫長且殘忍的懲罰，以及讓他無法再次逃離的更大且堅固的鐵鍊。但一直以來離不開A市的他，在首爾也不可能有其他朋友或依靠。他用手上的錢好不容易才打理好自己和家人的住處，並找到一份比原本更辛苦、薪水更少的工作。

解決了住處與工作後，放鬆下來的他感受到的是強烈的無力感。這和辛苦身體勞動之後在家睡死，或是前晚熬夜準備的考試結束後，所感受到的正常疲憊感是截然不同的。K的無力感總是伴隨著極度強烈的不安。就像在懸掛懸崖邊的床上睡覺的人是絕對無法睡著一樣，他的腦中充滿無法得知真相的不安，因而一刻也無法休息，連自己做得好或不好都無法判斷。原本不怎麼喜歡喝酒的他，現在每天晚上喝的酒卻越來越多。

他別無選擇。他的心一直以來暴露在有毒關係之下，所以對每件事都只能依照有毒關係的動態來感受與判斷。擺脫有毒關係後的環境，對他來說彷彿就像第一次和同年齡的孩子們一起生活的幼稚園小朋友，或是被拋到外太空的太空人一樣，既陌生又混亂。甚至因為過去失敗的家庭關係，他完全失去了對人際關係的信賴與自信。在首爾生活的初期，他出現在嬰兒身上才觀察得到、對滅亡感到恐懼（annihilation fear）的症狀，也就是感覺自己的存在即將消失，或快要被從世界上抹去般的存在性不安。在新的世界裡，他和嬰兒沒什麼兩樣。

當時，K連到精神健康醫學科回診都放棄了，甚至沒有向精神健康醫學科醫師或心理師尋求協助的力氣。但此刻我所見到的K已克服了這無力的階段，生活也某種程度地維持著穩定。感到好奇的我問了K，他是靠著什麼方法與決心克服那段強烈不安與混亂的狀態，而K的回答相當令人意外：

「讓我脫離無力狀態的不是決心也不是什麼方法，是新的人與新的關係拯救了我。」

②開始克服與他人的衝突並原諒他人

聽到K的回答，一開始我認為K非常幸運，我想他肯定是在新的地方、新的職場遇到了很棒的人，是那些正向關係的體驗進而使他復原。但和K持續見面、聽了他的生活之後，我才發現我的想法大錯特錯。

K在新環境中所建立的人際關係，完全稱不上理想。在他新認識的人當中，有人表面待人和善，但內心卻與他疏離；有人不斷對他吹毛求疵，施壓要他負責；也有人說他傲慢自戀，公然批評他的人格，或是瞧不起他而暗地裡無視他。簡而言之，他新認識的人是到處都有的「非常普通的人」。

在與這些人的關係中，K又再次受了許多傷。一開始K以為在新的人際關係中，人們還是會無視且利用他。因為在有毒關係裡的時候，主導者父親就是這樣教育他的，父親和家人實際上也無視他，只隨自己高興地利用他。他相信父親說的話是事實，而這樣的經驗與信念使他在每件事上都無法相信別人，必須時時保持警戒。和別人相處的時候，為了不受到負面的評價，他檢視自己的言行舉止，並時常專注在他人對自己說的負面的話或態度，內心因此相當折磨。漸漸地，他的人際關係中開始產生大大小小如雜音般的衝突，但這時，令人驚訝的事情發生了。他住在A市的時候，無論我怎麼努力都無法讓K的內心世界成長，這時卻自然而然地開始成長了。越是反覆與他人衝突，K就越熟悉如何化解衝突；雜音越多，K的內心就越堅強。正如他所說，新的關係促使他復原，但這種方式和我預想的完全不同。

藉由對待表裡不一的人，K學到了和不是真心的人相處時，保持表面關係的方法。這減輕了由眾多關係組成的人際關係所帶來的負擔，且讓他養成了在被他人拒絕以前，自己就先做好心理準備的習慣。藉由認識執著完美而吹毛求疵的人，K明白了對所有人而言，要百分之百達到他人的標準都是不可能的，也沒有必要那麼做。

對當面批評他的人立刻表達抗議與接受道歉的經驗，使他知道當遇到不當的行為時，自己不會無能為力。透過和暗地裡瞧不起他的人毫無衝突地拉開距離的過程，他了解到不是所有人際關係都必須持續到永遠，以後反而可以用輕鬆的心情來對待他人。

這驚人的變化說明了一件事，在有毒關係中曾和嬰兒一樣無能為力的他，在擺脫了有毒關係之後，立即在推遲至今的人際關係裡急速成長。

③寬恕世界並與自己和解

K搬到首爾一年多了，這段時間他都持續接受治療。他看起來比過去舒坦許多，但這並不代表他就比從前更有魅力、成為了更有能力的人，而受到大家喜愛。他身邊的人當中依舊有些人喜歡他、有些人討厭他；有些人對他禮貌相待、有些人無禮無視他。

但K的反應與以前完全不同了。以前的K，若是有人對他展現出負面反應，他就像天要塌了一樣陷入恐慌。因為在有毒關係裡，主導者與協力者發脾氣就意味著隨之而來的強烈謾罵、暴力與艱苦的生活。然而，K現在變得不害怕他人的負面反應了，他知道那並不是針對他的絕對性評價，而是他可以取捨的眾多意見之一。現在，他不會因為擔心受到他人負面評價而不必要地畏縮或表現得過分有禮，長期忍耐累積的怒氣在奇怪的時機點或情境下爆發的事情也幾乎沒有再發生了。取而代之的是，當他認為自己遇到了不當的對待時，就會在當下立即表達出來，並接受對方的道歉。他也不再靠喝酒來撫慰不安與悲傷了。

在有毒關係裡的K充滿了憤怒與羞愧，他只記得負面的事。每天上班時，就整天談論韓國政治、世界上發生的許多不合理之事，不停抱怨。下班回到家，就反覆咀嚼著自己當天犯的錯與不成熟的行為，懲罰自己。但現在，他不那麼討厭自己與這個世界了。即使有人對自己做了什麼不好的事，他也能原諒對方，因為對他而言，對方的失誤就如字面上的意思只是失誤，並不是在侮辱他。就算那是侮辱，他也知道自己不會再為此受傷。原諒他人，進而也原諒自己。對於自己犯下的錯，他並沒有因為責備自己的懦弱或愚蠢而深受折磨，而是檢討自己不再犯，並專注在自己所愛的人與喜歡的事情上。

K說自己比起從前，更能感受到來自這世界的愛。在我眼裡，他看起來也相當自在且自由。我問他是感覺受到了誰的喜愛，他說他自己也不太清楚，雖然不清楚但就是有那種感覺。關於K的變化，我告訴他我的想法：

「大概是因為比起過去，你現在更把自己視為是值得被愛的人吧。這是你脫離了過去操控著你，但並不屬於你的愧疚與羞恥，找回了自己人生掌控權的證據。你也和那些過去主導你人生的人和解了吧。」

K難為情地笑著點頭，雖然只是害羞的淺淺微笑，但因為他很少笑，所以那笑容讓我感到非常暢快。

擺脫有毒關係後，重新找回人生的自由

有毒關係是主導者將自己接受不了的模樣投射給犧牲者所造成的，主導者利用自己的權力、地位與認同自己的協力者，將他腦中的病態想法變成現實。犧牲者在現實中也漸漸成為如主導者所願被嫁禍的人，且主導者會因為犧牲者聽從自己話而感到安心，絕不會讓犧牲者離開這段關係，這樣的關係裡全是偽裝成愛的壓力與威脅。一旦有毒關係成立，犧牲者就無法改變或成長。就像身處擱淺海邊的船上，不管怎麼推，船都無法前進；若想要讓船往前，就必須下船推才行。

擺脫有毒關係的K在短時間內的快速成長是別具意義的。以兒童精神分析與客體關係精神分析創始者之名廣為人知的精神分析家梅蘭妮．克萊因，根據如何理解自己和世界的關係，以及在這之中感受到哪些類型的焦慮，將人類的發展分為不同階段。在有毒關係裡的K所遭遇的焦慮、焦慮的變化，以及K在新世界裡和其他人建立關係的過程，與梅蘭妮．克萊因所說的嬰兒發展過程幾乎雷同。

幼兒在與他人建立關係以前，會感受到自己快要從世界上消失的滅絕恐懼，且幼兒在與其他對象第一次建立關係後，會被他人好像要攻擊自己的被害焦

慮（persecutory anxiety）籠罩。這時期的幼兒與世界的關係裡並沒有中間地帶，他們會認為整個世界都是邪惡且強大的，而自己是善良且無力的。當撐過了這樣的被害焦慮，他們與世界的關係便會產生中間地帶，逐漸可以把世界看成是立體的，被害焦慮也會漸漸變化成憂鬱焦慮（depressive anxiety）。在這個過程中，他們會同時處理世界好的一面與自己好的一面，以及世界壞的一面與自己壞的一面，並且透過處理與撐過憂鬱焦慮的過程，即使世界有壞的一面，他們還是能去愛這個世界；即使自己有不好的一面，他們還是能愛自己並對自己有自信。擺脫有毒關係後迎向全新人生的Ｋ，就如正常的幼兒一樣，充實地走過了與世界建立正確關係的過程。

之所以能產生這樣的正向過程，關鍵就在於與有毒關係分離。在有毒關係裡想解決這個問題的Ｋ，和我一起嘗試過無數次努力，但卻幾乎沒有成長。Ｋ脫離有毒關係後，在對待他人時，會表現出類似幼兒第一次和世界建立關係時的焦慮，也是因為如此。因為有毒關係取代了一個人在社會性成長時所需的內在變化、挑戰與反省。在有毒關係裡，他不是主角，只不過是其他主角的道具而已。因此他在那之中無法成長，甚至連過去的成長都丟失了，這是由外在壓力與虐待引起的心理社會性侏儒症（psychosocial dwarfism）。相反地，從結果而論，透過擺脫有毒關係後展開新的關係，K可以優異地克服滅絕恐懼、被害焦慮與憂鬱焦慮。

現在，K真正成為自己人生的主角了。他可以好好維持世界與自己的關係，且自行調整與他人關係之間的距離；他不會對其他人有過度的期待，同時也不會失去對世界的愛；更重要的是，他開始相信自己，不再感到強烈的羞恥或不必要的愧疚。曾經是有毒關係犧牲者的K擺脫了有毒關係，現在成為了有毒關係的倖存者。

K和我現在不像之前那樣常見面，但也沒關係。當初我為他做的只是鼓勵他不要放棄與人的關係，當敏感且容易受傷的他在與主管或同事的人際關係上感到痛苦時，與他一起分享想法而已。他當時需要的不是填補自己不足的地方，而是減少，也就是擺脫壓迫自己、把自己的人生變成他人道具的有毒關係，以及有毒關係的殘餘。

Chapter 3

我現在深陷在有毒關係中嗎？

——測量我的有毒關係

測量我的有毒關係

在第一、二章中，我們探討了有毒關係是什麼、它的組成元素有哪些，以及有毒關係如何破壞我們的人生。我們同時也了解了擺脫有毒關係的方法，以及在那過程中產生的心理痛苦。為了便於理解，我建立了有毒關係此一概念，並舉了受有毒關係影響非常深刻的K的案例。

因為K的案例過於異常與殘忍，可能有些人會認為這樣的事只會發生在極度不正常的少數家庭關係裡，然而並非如此。事實上，有許多人因為類似的問題找我看診。有學生告訴我他們在同儕間遇到的排擠問題，有人因為夫妻之間的言語與肢體暴力而生病，也有媳婦在婆媳問題中無法受到人性對待。雖然形式與暴力程度上並不相同，但在關係層面上，這些都和K的案例非常相似。

遺憾的是，人與人之間的關係非常複雜，且受到各式各樣的因素影響，因此一個人很難在自己的人際關係中輕易掌握自己正被哪些因素影響。如同K的案例，當人際關係中的毒性超過一定程度，與其試圖扭轉或改善那段關係，不如保持距離，盡可能脫離那毒性。但對於特定的親密關係，例如家庭、朋友、愛人、前後輩，我們連該如何擺脫或拉開距離都難以想像。換句話說，即使自己因有毒關係而承受著痛苦，卻常依然把那當作是理所當然的。這會對一個人的精神世界造成巨大且持續的傷害。

因此，若感覺到一段關係存在問題，重要的是要了解這段關係距離有毒關係有多近，也就是所謂關係的毒性。在精神醫學或心理學上，會使用各式各樣的量表測量人與人之間的關係或行為等變量多且概念性的現象。雖然量表本

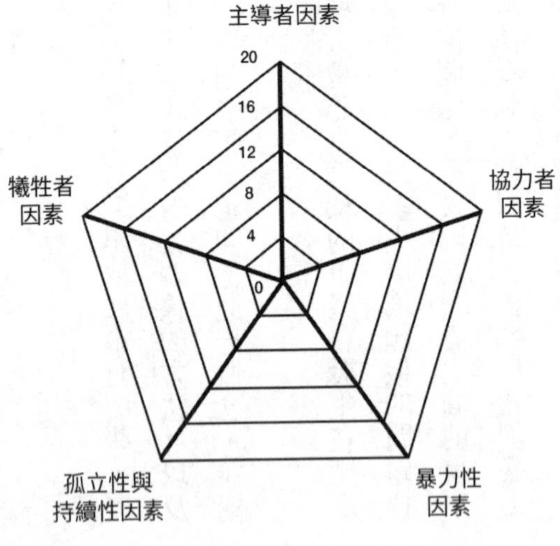

身或許無法如實說明現象，但我們可以將難以用一句話或一個詞說明的多軸概念，立體地呈現出來。在本章中，我們將學習以數值呈現構成有毒關係的五個主要元素——主導者因素、犧牲者因素、協力者因素、孤立性與持續性因素、暴力性因素，視覺化表現當事人在一段人與人之間的關係中所受到的毒性影響。上述五個軸的表現方式如右圖。此外，在第四章中，我們將討論日常生活中遇到的各種關係，並將關係的毒性程度應用於右圖。

主導者因素

從現在開始，你將回答一些你與身邊某個人關係的問題。請仔細閱讀以下五個問題，並選出符合的選項。接著計算你所選的分數總和，將分數寫在第一百七十八頁的表格，和標記在雷達圖中的軸上。每題的選項如下：

0. 完全不符合　0分
1. 偶爾符合　1分
2. 有時符合　2分
3. 經常符合　3分
4. 總是符合　4分

第一題、當你與他屬於同個團體時，在你們兩人的關係裡，他比你更具有壓倒性的影響力。

0. 完全不符合
1. 偶爾符合
2. 有時符合
3. 經常符合
4. 總是符合

第二題、你與他的關係，屬於普遍社會觀念或組織內紀律方面中的上下關係。

0. 完全不符合
1. 偶爾符合
2. 有時符合
3. 經常符合
4. 總是符合

第三題、當他對你有（以普遍性、社會性標準而言的）錯誤或無禮行為時，他有不承認、否認或合理化的傾向。

0. 完全不符合
1. 偶爾符合
2. 有時符合
3. 經常符合
4. 總是符合

第四題、他把你的時間、機會、金錢、自由都當成是自己的，而且實際上他也這麼認為。

0. 完全不符合
1. 偶爾符合
2. 有時符合

3. 經常符合
4. 總是符合

第五題、在你與他的關係中，他不認為你和他是同等的；換句話說，他不認為和你適用同一套規則或禮儀規矩。

0. 完全不符合
1. 偶爾符合
2. 有時符合
3. 經常符合
4. 總是符合

主導者軸總分：＿＿＿＿

主導者軸的五個問題檢測的是，在你與特定對象的關係裡，對方的位置、態度與行為，有多接近有毒關係的主導者。每題詳細說明如下：

第一題、當你與他屬於同個團體時，在你們兩人的關係裡，他比你更具有壓倒性的影響力。

假如同屬一個團體的你們產生有毒關係，也就是假如你是犧牲者而對方在主導者的位置上時，比起你，對方應該更具有壓倒性的影響力。如果是父親與兒子的關係，父親可以影響孩子或其他家人的影響力當然更大；母親與女兒的關係或是哥哥與弟妹的關係也是如此。

即使是情侶、同學，或相同職級的同事之間這種看似平等的關係，也會有明確的影響力高低。人與人之間的關係裡比起完全平等，更多的是不平等的關係。例如交往中的男女，勢必有人握有關係的主導權；同樣身為代理，一定也有人對主管或同事更具影響力。當然，有較高影響力的人並不永遠都是對的，但有影響力的人比沒有影響力的人，更可以控制關係裡的許多面向。

第二題、你與他的關係，屬於普遍社會觀念或組織內紀律方面中的上下關係。

基本上，在一些有明確上下之分——如父母與子女、職場或學校的前後輩、年紀大與小、師長與學生等關係裡，打從一開始就帶有明確的影響力與力量差距。在這樣的關係裡，上位與下位的人有著各自的義務與責任。

當然，並不是所有具有明確上下之分的關係都會變成有毒關係，肯定也有些上下關係中，是每個人都在負責的位置上盡本分、不濫用權限，既公正又人性化的。但在很多的情況裡，這種關係裡上位者的錯誤輕易被掩蓋，下位者的錯誤卻被強調，而且很難表達出想要矯正這種現象的想法。假如上位的人做出配不上這個位置的不成熟表現，或控制不了自己的情緒和異常，就很有可能進而導致有毒關係。此外，因為社會觀念或傳統的規範，這種上下關係之間的權力平衡很難被打破。

第三題、當他對你有（以普遍性、社會性標準而言的）錯誤或無禮行為時，他有不承認、否認或合理化的傾向。

這題反映了有毒關係主導者表現出的代表性防衛機制——否認與合理化。我們在前面的章節中提到主導者的代表性防衛機制有否認、合理化，以及投射與投射性認同，但由於很難用一句話同時包含投射與投射性認同的所有面向，因此我將包含了上述兩種防衛機制的概念，分散在接下來的問題裡。

無論是怎樣重要的關係，都有不能越過的線；再怎麼親密的關係，也必須保有禮儀。就算是父母與子女間的關係，也有不能做的事，例如傷害對方身體的暴力、踐踏對方心靈或是打擊自尊的惡言、侵害性自主權等。假如做錯了事，就應該道歉並承諾不再犯，這才是正確關係該有的行為。但在有毒關係裡，主導者對犧牲者所說的任何話與所做的失誤卻都是被允許的。主導者與協力者透過巧妙的合理化否認責任，暴力很容易因此不斷反覆發生。

第四題、他把你的時間、機會、金錢、自由都當成是自己的，而且實際上他也這麼認為。

這是有毒關係的共同特徵。主導者試圖隨心所欲奪取或擁有犧牲者有形、無形的所有物，而且並不僅限於金錢或財產等物質性的東西。有追蹤手機位置想掌握對方動線的配偶或戀人；有阻擋學生就業機會，並把學生的未來機會用在自己身上的師長；有限制了子女居住自由，要求子女住在自家附近並隨時呼叫他們過來的父母；也有十幾歲的青少年以小處罰為由，讓力氣或影響力比自己弱的同學交出物品或金錢。

上述問題說明了這些情況。無論是哪種關係，只要你有遇到上述情形，就請根據程度選擇「符合」吧。

第五題、在你與他的關係中，他不認為你和他是同等的；換句話說，他不認為和你適用同一套規則或禮儀規矩。

這是當有毒關係變得慢性化且定型時就會發生的情況。撇除關係裡的位置，所有人類的基本權利都是平等的。再怎麼封閉的團體都必須遵守基本人權，然而當單方面的關係持續下去，主導者就會開始認為犧牲者和自己並不是同等的人類。主導者的行為被正當化，而犧牲者的損失與心靈的傷痛則被否定。因為這樣的關係太頻繁發生了，有時候連犧牲者也認為這是理所當然的事。

犧牲者因素

第六題、儘管你遭受到他不當或非人性的對待也無法抗議。即使抗議了，也感覺像是自己做錯了事，或是因此感到內疚。

0. 完全不符合
1. 偶爾符合
2. 有時符合
3. 經常符合
4. 總是符合

第七題、儘管你遭受到他不當或非人性的對待，你也感覺身邊的人好像不會幫助你。

0. 完全不符合
1. 偶爾符合
2. 有時符合
3. 經常符合
4. 總是符合

第八題、你感覺在同一個團體裡，不適用於其他人或別人不會遭遇到的不當和非人性對待，只會發生在你身上。

0. 完全不符合
1. 偶爾符合
2. 有時符合
3. 經常符合
4. 總是符合

第九題、在同一個團體裡，只有你沒有被給予所處位置上應該有的權威、好處或角色。

0. 完全不符合
1. 偶爾符合
2. 有時符合
3. 經常符合
4. 總是符合

第十題、對於他施加於你身上的不當待遇或暴力，你似乎擺脫不了並感到無能為力。

0. 完全不符合
1. 偶爾符合
2. 有時符合

3. 經常符合

4. 總是符合

犧牲者軸總分：＿＿＿＿＿

犧牲者軸的五個問題檢測的是，在你與特定對象的關係裡，你的位置、態度與想法有多接近有毒關係的犧牲者。每個問題的詳細說明如下：

第六題、儘管你遭受到他不當或非人性的對待也無法抗議。即使抗議了，也感覺像是自己做錯了事，或是因此感到內疚。

第七題、儘管你遭受到他不當或非人性的對待，你也感覺身邊的人好像不會幫助你。

在這些犧牲者軸的問題中，不斷提及「不當或非人性對待」。這裡的「不當或非人性對待」，意指違背法律以及社會層面上普遍合理標準的對待，代表性的是暴力、惡言、侮辱與譏諷。

有時這會與父母與子女之間出現的體罰或訓誡產生混淆。這裡說的「不當或非人性對待」的標準可以分為兩個，第一個標準是，發生於正常的人際關係裡時，其程度是會被社會指責，並且會有人想要掩飾的；第二個標準是，其程度是絕對不可能對在自己的團體之外，或是與自己不親近的人做出的。

舉例而言，與孩子發生口角時，即使是突然口出惡言，只要立即道歉，這樣的程度因為讓別人知道也沒有太大問題，所以不會想要積極隱藏。相反地，如果父母以訓誡的名義，施行暴力把小孩打到快骨折或留下傷痕，父母肯定會想隱藏自己做過的事。言語暴力也不例外，無法在大家面前說出口的侮辱和暴力性言語、只有在和孩子單獨在一起時才會對孩子說的話，也視為是「不當或非人性對待」。

在某些夫妻或情侶關係裡，也經常發生監視對方的所有行動，或是要對方向自己報告的虐待行為。當事人只會對自己的配偶或戀人做出這樣的虐待行為，如果對公司同事做出相同的行為就會被檢舉，這樣的情況也可被視為「不當或非人性對待」。

假如在你與對方的關係裡，這種在其他關係裡通常無法被接受，且會被社會指責的暴力或言語暴力持續發生，並且雖然你有嘗試抗議或阻止這樣的事，但反而感到愧疚或負擔，這段關係就很有可能是有毒關係。此外，假如身邊的人看到了這樣的情況，卻仍不向你伸出援手的話，也可以證明這段關係就是有毒關係。

第八題、你感覺在同一個團體裡，不適用於其他人或別人不會遭遇到的不當和非人性對待，只會發生在你身上。

第九題、在同一個團體裡，只有你沒有被給予所處位置上應該有的權威、好處或角色。

在多人組成的關係裡，如果不會發生在他人身上的不當或非人性對待只發生在自己身上，那麼這也是有毒關係的證據。除此之外，一個團體中，有時候也有對方不認同我應該擁有我所處位置或權力上該有的待遇，所以團體內的其他成員也不認同的情況。

這樣的事經常發生在軍隊、同學、研究所等嚴格訂定階級的上下關係裡，即所謂的「期數列外」或「隱形人對待」。這尤其是韓國軍隊中的代表性惡習，例如上級讓繼任者無法得到和前任同等的待遇，或是要組織內的所有人都不要回應那人時所做的惡意折磨。這對周圍的人來說可能沒什麼大不了，但對上述行為的犧牲者而言，卻是可能引起嚴重精神疾病的行為，也是導致軍隊內發生多起不幸意外的原因。

但這並不是只發生在軍隊內的事。在職場或醫院裡，人也被分成代理、科長、部長，以及教授、助理教授、住院醫生、實習醫生等好幾個職級。為了完全執行每個職級，必須接受符合該職級的待遇，但卻有人利用這種期數列外或隱形人對待來進行操控，使那個人失去應該得到的待遇、好處和影響力。也常發生妨礙他們執行職務，並以此證明這個人沒有能力或有嚴重問題的情況。在家庭之中，媳婦與小姑雖然是無法區分位階的平等關係，但因為對婆家的影響力不同，媳婦的話被小姑無視或無禮對待的例子也屬於這個情況。

第十題、對於他施加於你身上的不當待遇或暴力，你似乎擺脫不了並感到無能為力。

有毒關係的結果是，犧牲者受到施加於自己的暴力或惡言折磨，同時也失去了足以擺脫的判斷力和行動力，陷入「習得無助」的狀態。在這樣的狀態下，犧牲者會感覺自己無論做什麼都絕對打破不了這種關係，因而放棄所有嘗試擺脫的努力。上述問題檢測的就是這種習得無助的程度。

協力者因素

第十一題、「和你與他屬於同個團體的其他人」，默認或幫助他對你的不當或非人性的對待。

0. 完全不符合
1. 偶爾符合
2. 有時符合
3. 經常符合
4. 總是符合

第十二題、「和你與他屬於同個團體的其他人」，參與他對你的不當或非人性的對待。

0. 完全不符合
1. 偶爾符合
2. 有時符合
3. 經常符合
4. 總是符合

第十三題、「和你與他屬於同個團體的其他人」，雖然以普遍社會觀念來看與你處在同等位置，但實際上他們認為自己的地位或權限比你高，並且也根據這樣的認知行動。

0. 完全不符合
1. 偶爾符合
2. 有時符合
3. 經常符合
4. 總是符合

第十四題、對於他施加於你的不當或非人性的對待，「和你與他屬於同個團體的其他人」，認為若那是為了整個團體好的事，就無可奈何或是應該被容許。

0. 完全不符合
1. 偶爾符合
2. 有時符合
3. 經常符合
4. 總是符合

第十五題、「和你與他屬於同個團體的其他人」，認為你在團體裡遭受到的不當或非人性的對待是因為你的錯，即使事實上並非如此。

0. 完全不符合

1. 偶爾符合
2. 有時符合
3. 經常符合
4. 總是符合

協力者軸總分：______

回答協力者因素時必須注意，雖然不是所有的有毒關係都有協力者，但父母、手足、主管與下屬等大部分的關係裡，都可能有一個以上屬於同個團體的其他人。在「0到4」中選擇最符合自身情況的選項即可。

第十一題、「和你與他屬於同個團體的其他人」，默認或幫助他對你的不當或非人性的對待。

第十二題、「和你與他屬於同個團體的其他人」，參與他對你的不當或非人性的對待。

上述的第十一、十二題檢測的是你們身邊的人是否是有毒關係的協力者。如第一章提到，有毒關係的協力者是主導者與犧牲者之間的交集，並且是容忍主導者對犧牲者暴行的准許者與共犯。他們默認與允許主導者的暴力，視自己的角色和主導者一樣，甚至擔當起主導者的角色。

舉例而言，婆婆持續對媳婦惡言相向或提出固執的要求，老公明知卻默認或從不談論這件事，這很可能就是第十一題的狀況。也有犧牲者在國、高中校園裡被集體霸凌，周圍的其他學生也一起參與加害的情況，如果是這種情形，就符合第十二題的敘述。周遭的其他人若容忍、幫助、參與主導者對犧牲者的暴行，有毒關係的毒性便會持續與強化。

第十三題、「和你與他屬於同個團體的其他人」，雖然以普遍社會觀念來看與你處在同等位置，但實際上他們認為自己的地位或權限比你高，並且也根據這樣的認知行動。

第十四題、對於他施加於你的不當或非人性的對待，「和你與他屬於同個團體的其他人」，認為若那是為了整個團體好的事，就無可奈何或是應該被容許。

若有毒關係持續下去，團體裡犧牲者的地位就會無限降低，傷害從忍受不舒服甚至到應得的人性待遇被剝奪。如果是發生在非當事人的周圍其他人身上，他們肯定會覺得這樣的對待是不當的，並且感到憤怒；但發生在犧牲者身上時，他們反而覺得這是應該與正當的。除此之外，這樣的整體氛圍巧妙地與文化或傳統等習慣混合，形成默認的規則，使有毒關係的犧牲者感到混淆，且無法反抗。

某些情況下，即使本人不願意，手足中特定的某一位也必須要在父母身邊照顧父母，或是獨自準備各種家庭活動，只因為一直以來就是如此。雖然成為犧牲者的人當然和其他兄弟姊妹擁有相同的權利，卻被這種默認的氛圍壓制，連質問都沒辦法。此外，即使周圍的人做出了明確是對犧牲者來說狠毒且不當的行為，他們也並不覺得有什麼問題。

第十五題、「和你與他屬於同個團體的其他人」，認為你在團體裡遭受到的不當或非人性的對待是因為你的錯，即使事實上並非如此。

這是當有毒關係定型後會出現的情況。犧牲者在團體裡遭受到最不當的對待，同時也被認為是那些不當對待發生的原因。並且在這樣的團體動態裡，犧牲者通常屬於少數，且犧牲者以外的人都沒有損失，反而因此得到好處，於是他們會無意識地支持和贊同這樣的團體結構，甚至有時候犧牲者的人數比主導者或是協力者都還要來得少。當然，假如主導者持續並強化對犧牲者的不當行為，團體內也沒有任何提出異議的人，那麼即使犧牲者傾訴這些不公，也沒有任何人會傾聽。

孤立性與持續性因素

第十六題、你和他長久以來屬於同個團體，或者必須在一定程度以上的時間一起同處於密切的環境裡。

0. 完全不符合
1. 偶爾符合
2. 有時符合
3. 經常符合
4. 總是符合

第十七題、在其他關係或以基本社會觀念上看來，嚴重背離道德或侵害基本人權的事，卻發生在你和他之間。

0. 完全不符合
1. 偶爾符合
2. 有時符合
3. 經常符合
4. 總是符合

第十八題、他或協力者積極嘗試阻擋，不讓外界知道你正遭遇到不當且非人性對待。

0. 完全不符合
1. 偶爾符合
2. 有時符合
3. 經常符合
4. 總是符合

第十九題、他絕對不承認你和他的關係產生了改變。

0. 完全不符合
1. 偶爾符合
2. 有時符合
3. 經常符合
4. 總是符合

第二十題、他無法接受或積極妨礙你和其他人建立密切或親密的關係。

0. 完全不符合
1. 偶爾符合
2. 有時符合
3. 經常符合

4. 總是符合

孤立性與持續性軸總分：________

孤立性與持續性因素是在檢測對方和你有多孤立，以及那關係的持續性有多強。關係的孤立性越強，就越容易發生與其他正常關係不同的非人性狀態或規則；關係的持續性越強，犧牲者就越難逃離或改變關係。

第十六題、你和他長久以來屬於同個團體，或者必須在一定程度以上的時間一起同處於密切的環境裡。

這是有毒關係開始的重要條件。我們的一生會隸屬於一個以上的團體，有些是社會上義務性必須隸屬的，也有些是一開始自由選擇加入，但因為生計或是必須經過長期受訓才能獲得特定資格，而變成不是自由選擇的情況。這種團體裡的全部成員，都有可能出現有毒關係。

＊一出生就隸屬的團體及其成員

家庭：爸爸、媽媽、兄弟、姊妹、親戚等

＊社會上義務性必須一定時間隸屬的團體及其成員

小學、國中、高中：同班同學、學長姊或學弟妹、老師

軍隊：同梯、長官、部下

＊起初雖然是自由選擇，但之後卻很難離開的團體及其成員

配偶：先生、夫人

因婚姻建立的關係：公公、婆婆、岳父、岳母

職場：同期同事、主管、下屬、其他部門員工、老闆

＊自由選擇且可輕易結束關係的團體及其成員

戀人、同校同學、鄰居

第十七題、在其他關係或以基本社會觀念上看來，嚴重背離道德或侵害基本人權的事，卻發生在你和他之間。

對他人口出惡言或傷害陌生人的身體，都是會被逮捕並接受法律制裁的違法行為。然而在現代社會裡，父母以教育的目的對子女施加暴力，卻基本上是被允許的。當父母心情不好的時候，即使對孩子施加嚴重的肢體虐待來排解情緒，也幾乎沒有法律途徑能制止。

軍隊、職場或學校也是如此。即使頻繁發生對他人人格侮辱、毆打攻擊，或是明顯的期數列外與霸凌等狀況，大部分的情況也都會為了維持組織內的規律與綱紀而被允許。在這樣孤立的組織裡受到巨大傷害的人們，往後可能要花費數十年的時間平息怒火或復原他們的精神性創傷。

不只是暴力，侵犯基本人權或性自主權也符合上述問題。對陌生人說了就會構成性侵犯、性騷擾的話語，卻能明目張膽地對自己的下屬或親戚說，且當事人還因為氣氛的關係不得不聽，就屬於此種情況。或是父母命令已長大成人的子女要隨傳隨到，並且絕不容許子女住在異地等，這種侵犯基本人權的情況也是。

第十八題、他或協力者積極嘗試阻擋，不讓外界知道你正遭遇到不當且非人性對待。

第十九題、他絕對不承認你和他的關係產生了改變。

這些問題是關於在關係中，對方或周圍的人為了阻止關係動態改變而對你做出的行為。當遭受不當對待的犧牲者讓外界知道自己在團體內的遭遇時，這些人不在乎那些行為正確與否或是犧牲者所受的傷，僅憑著團體內的事被外界知道這一點就責備當事人。

對方與其周遭的人不讓外界知道犧牲者所受的傷，表面上雖然是把團體的名譽與團體成員的利益當作正當理由，但實際上他們希望的是透過傷害犧牲者的行為來獲得自身的穩定與凝聚力，並維持這個毫無罪惡感的便利組織。因此，他們不樂見犧牲者與外界接觸並訴說團體內的情況，或者因犧牲者有所成長而產生某些關係上的變化。

被團體霸凌的犧牲者向教育機關告知受害事實時，該校的教師們會向犧牲者投以不友善的目光；實習醫生向外界透露自己在實習醫院遭受前輩的不當暴力後，反而受到懲戒，這些就屬於這種情況。害怕女兒離開自己而反對女兒戀愛或婚姻的母親；公司裡曾是自己下屬的人，雖然已經升到和自己一樣的職位，卻仍不認同他，並持續用主管的口吻與行為公然侮辱他等，為了維持有毒關係所帶來的滿足感而否定犧牲者成長的行為，也屬於這種情況。從0到4之中選擇最符合自身狀況的選項即可。

第二十題、他無法接受或積極妨礙你和其他人建立密切或親密的關係。

假如你與對方的關係接近有毒關係，對方或者對方的協力者就會試圖使你孤立。這是在國、高中校園常見的情景，如果你是高中校園裡的有毒關係犧牲者，每當你要和其他人交朋友，主導者就會加以妨礙。如果妳的老公是有毒關係的主導者，而妳是犧牲者的話，妳的先生有很高的機率會為了拉攏子女站在自己這邊，而在他們面前說妳的壞話。

相反地，有些主導者會想告誡你這世界有多邪惡與可怕。例如想維持和子女之間有毒關係的父母，會反覆向子女灌輸結婚的缺點，或世上的人們有多殘酷、多像惡魔。即使子女有了配偶，也會在決策過程中排除配偶，只讓子女和父母溝通。有毒關係中如果有第三者介入，主導者對犧牲者的控制力就會弱化，因此他們會不斷試圖讓犧牲者處於孤立狀態。上述題目詢問的就是此種情況的程度。

暴力性因素

第二十一題、他隨自己的心情非人性地對待你，無論你是否有做錯事。

0. 完全不符合
1. 偶爾符合
2. 有時符合
3. 經常符合
4. 總是符合

第二十二題、他對你使用了若是別人會無法容忍的辱罵、嚴重的人格批評，或是含詛咒之意的話語。

0. 完全不符合
1. 偶爾符合
2. 有時符合
3. 經常符合
4. 總是符合

第二十三題、他徒手或使用工具傷害你的身體，或以打算施暴的態度來威脅你。

0. 完全不符合
1. 偶爾符合
2. 有時符合
3. 經常符合
4. 總是符合

第二十四題、他為了操控你，使用在其他正常關係中無法被容忍的手段，促使你感到愧疚或企圖使你感到混亂。

0. 完全不符合
1. 偶爾符合
2. 有時符合
3. 經常符合
4. 總是符合

第二十五題、他以個人的理由剝奪，或威脅要剝奪你生存或生活所需的要素（住宿、伙食、工作等）。

0. 完全不符合
1. 偶爾符合
2. 有時符合

3. 經常符合
4. 總是符合

暴力性軸總分：＿＿＿＿＿

暴力性因素檢測你與對方的關係中破壞性與非人性的程度。每個問題的詳細說明及舉例如下：

第二十一題、他隨自己的心情非人性地對待你，無論你是否有做錯事。

第二十一題是關於情緒暴力的問題。有毒關係中的暴力，其最大特徵是沒有明確與合理理由的指責。主導者毫無理由，只因為自己心情不爽或受到和犧牲者無關的外在壓力影響而責難犧牲者。當然，因為他們無法接受自己無緣無故做出非人性的行為，因此會用藉口來合理化。

以前述的例子來說，K的父親只因為他看K的表情不爽，或垂頭喪氣的K在家裡對自己什麼話也不說，就彷彿K的人格有什麼問題一般指責他。然而，K的父親發脾氣的理由總是另有其他原因。在校園暴力現場，詢問加害者欺負犧牲者的原因時，加害者經常有他自己的理由，甚至很肯定是犧牲者造成的。但他們為自己的行為所附加的理由，在第三者聽來經常非常荒謬，或是與他們的暴力程度相比微不足道。甚至有些主導者看到犧牲者因為他們而發生不幸的事，還會嘲笑是犧牲者運氣不好。

第二十二題、他對你使用了若是別人會無法容忍的辱罵、嚴重的人格批評，或是含詛咒之意的話語。

第二十二題是關於語言暴力程度的問題。雖然語言是溝通的工具，卻也是足以破壞人類精神的武器。有毒關係的主導者會肆無忌憚地對犧牲者施以其他一般關係中無法容忍的辱罵，或過分不合理的指責。當然，人際關係裡不可能沒有對他人的批判，畢竟批判是人類溝通以及合作的重要過程。然而，有毒關係的主導者把焦點放在犧牲者的「人格」、「出身」等存在論的部分，而不是「行為」上。

在一般關係中，即使對方犯了錯，通常也不會提及對方的出生地、人格或出身；但在有毒關係裡的指責，幾乎隨時充斥著「你每次都這樣」、「你的存在就是個錯誤」等涉及對方存在的暴力語言。

其實日常語言與暴力語言之間的界線並不清楚。因為存在著這樣的模糊，往往讓犧牲者在有毒關係中遭受暴力卻不自知。若要舉一個最可靠的標準，那麼就是這樣的語言使用是否可以對他人公開。假如你和對方的關係是有毒關係，當你遭受到對方的語言暴力，並告訴主導者你要向外界（第三者）公開這件事時，對方肯定會為了阻止你，對你柔性勸說、威脅或安撫。

第二十三題、他徒手或使用工具傷害你的身體，或以打算施暴的態度來威脅你。

肢體暴力是所有暴力中最具破壞性與即時性的，有時甚至會威脅犧牲者的生命。此外，有毒關係封閉性與孤立性的特徵以及協力者因素，會使施加於犧牲者的暴力極大化。有毒關係中的暴力有兩大特徵。

第一，暴力經常是逐漸增強的。大部分的暴力從小地方開始，例如推肩膀等小動作，但如果犧牲者無法對這種模稜兩可的暴力做出反應，或受制於力量與影響力的差距而無法抵抗的話，之後就會衍生成鼻青臉腫或骨折程度的暴力。由於暴力的程度是漸進且常見的，所以主導者可以逃過犯罪的譴責，犧牲者也很難向外界告知或反抗這種情形。

第二，暴力伴隨欺騙。也就是說，主導者其實是因為無法控制衝動，而對無法抵抗自己不成熟要求的人發洩，但卻經常將這種行為包裝成教育或是愛，或是把自己的意圖強加於他人身上，使其屈服。尤其在體育界或藝術界這類人脈有很大影響力的封閉產業裡更是明顯，暴力常被包裝成加強組織紀律的手段或教育方式。他們從事的是特別重視健康身體與意志力的領域，卻經常在破壞對方的身體與意志力後，騙對方說這都是為了對方好。使用暴力的主導者總是強調自己的意圖，但他們絕不會對暴力的結果負起責任。

第二十四題、他為了操控你，使用在其他正常關係中無法被容忍的手段，促使你感到愧疚或企圖使你感到混亂。

第二十四題是關於主導者與犧牲者之間，是否產生操控與煤氣燈效應（gaslighting）。操控與煤氣燈效應是有毒關係中形態最巧妙與複雜的精神暴力，主導者表現出來的行動會像小孩，例如不放過犧牲者而不斷爭論，又或是威脅要自殺、斷絕關係等，利用各式各樣的手段使犧牲者無法按照自己的意思行動。煤氣燈效應是源自於一九三八年英國上映電影《煤氣燈下》的心理學用語，是一種操控對方周圍的環境，不斷把自己的想法強加於對方身上，使其失去現實感的精神虐待與剝削。

越是進入私人關係，就越難察覺操控與煤氣燈效應。因為專門操控與引起煤氣燈效應的主導者，並不是在一定的道德標準或合理的規則上提出意見，只是為了把犧牲者置於自己的控制之下或堵住犧牲者的嘴，而隨時且隨意地改變邏輯與前提來令犧牲者混亂。沒有任何方法能勝過他們改變前提的邏輯，而且他們的爭論背後總是附帶著肢體暴力的暗示與威脅。影響力較弱而想依賴正常邏輯的犧牲者只能在爭論中認輸，而誤以為自己是靠邏輯勝出的主導者，則更加確認了自己的正當性。

在情侶關係或親子關係中，經常出現試圖以自殺或斷絕關係來操控對方的情況。雖然自殺與斷絕關係，和與對方建立正確關係並不相關，但有些主導者卻經常下「不按照我的要求，我就去死或和你斷絕關係」的最後通牒。到了這種地步，甚至已經稱不上是人與人之間的關係了。

第二十五題、他以個人的理由剝奪，或威脅要剝奪你生存或生活所需的要素（住宿、伙食、工作等）。

第二十五題是關於剝奪的檢測。並不是只有傷害身體或精神施壓才是暴力，剝奪食衣住行或未來的機會也是暴力。這種手段再加上有毒關係的封閉性，會把犧牲者推向極限。在公司、研究所等上位者完全掌握下位者未來機會的情況，或是食衣住行完全依賴父母的嬰幼兒期、兒童期、青少年時期，就很容易產生這種由剝奪而引起的暴力。

這種剝奪引起的暴力與食衣住行或基本人權有關，且暴力中的犧牲者會留下無法抹去的精神性創傷。赤裸著身體被趕出家門的孩子，在外看到穿著衣服來來去去的人，就會感覺自己像是家畜；大家都坐在座位上聽課，獨自被撤掉桌椅的學生和班上大部分的同學對比之下，就會感到自卑。被賦予一切的權利後又被剝奪所受到的傷害，會使犧牲者一輩子都對世界感到恐懼，感覺路上的陌生人只要心一橫，也可以隨意把自己扒開。剝奪的暴力往往成為往後一些精神疾病發生的原因。

很多時候，擁有人事權或晉升推薦權的主導者手握犧牲者未來的機會，藉此企圖操控犧牲者，教練藉著握有選拔代表選手的權力來虐待犧牲者就是如此。這樣的情形，就很難分辨這是擁有決定權的人在行使權限選拔優秀人才，還是暴力。但假如你是有毒關係的犧牲者，對方會威脅要從你身上剝奪那些具體且範圍明確的東西，但卻要你提供抽象且範圍廣泛的東西來做為不被剝奪的代價。舉例而言，假設有一位教練以剝奪選手被選拔為代表的機會做為威脅，來性侵或對選手施暴，那麼這位教練威脅要剝奪的是「代表選手的資格」這種明確具體的東西，而假如你不想被剝奪，就必須提供教練絕對的服從、忍受羞恥和身體的自主權，這類幾乎沒有範圍的東西。

填寫總分

〈總分〉

請在左方表格中填入上述五項因素的分數，並在雷達圖上標記各項分數，再將每個分數以線連接起來，完成五角形。

主導者軸總分	
犧牲者軸總分	
協力者軸總分	
孤立性與持續性軸總分	
暴力性軸總分	

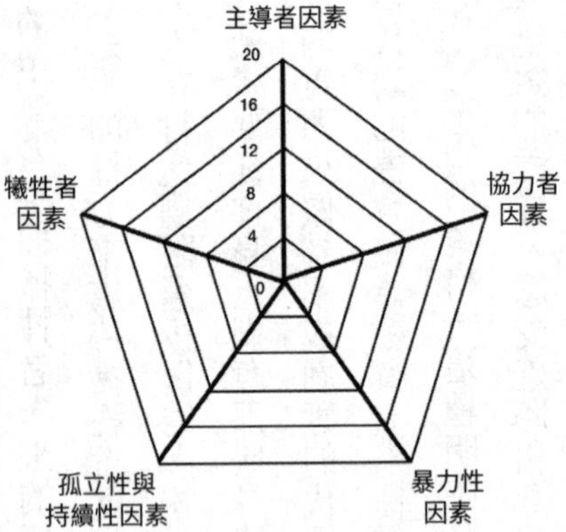

＊假如有三個軸的總分超過十二分，這段關係就很有可能屬於有毒關係。
＊假如暴力性軸的總分超過十二分，即有必要盡速脫離與對方的關係。
※目前尚無經過準確統計測試後的研究結果，此圖表僅供參考使用。

以上問卷結果顯示出你與對方的關係有多接近有毒關係，以及若你們的關係屬於有毒關係，各項因素中哪一項發揮著關鍵性的影響。大部分的有毒關係會有三個以上的軸總分超過十二分，此外，若暴力性軸的總分超過十二分，無論是否構成有毒關係，這段關係都會給當事人帶來嚴重的痛苦。

當然，上述的量表尚無量化的研究結果，因此無法視為是絕對的。但我們透過視覺化與對方關係的各種毒性因素，可以自行檢視自己是否深受有毒關係所苦。

〈範例〉

請在左方表格中填入上述五項因素的分數，並在雷達圖上標記各項分數，再將每個分數以線連接起來，完成五角形。

主導者軸總分	17
犧牲者軸總分	14
協力者軸總分	4
孤立性與持續性軸總分	20
暴力性軸總分	18

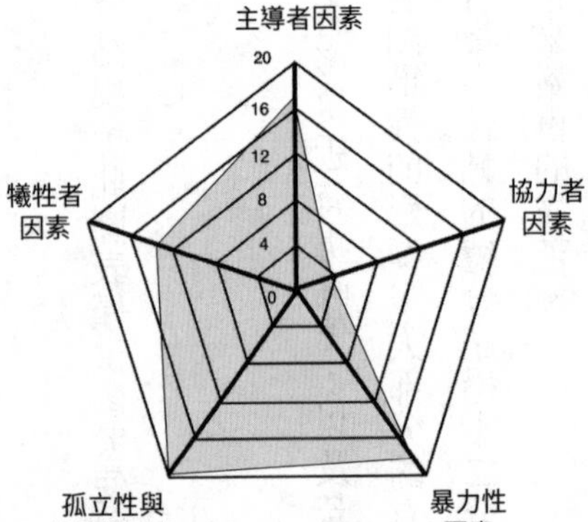

＊假如有三個軸的總分超過十二分，這段關係就很有可能屬於有毒關係。

＊假如暴力性軸的總分超過十二分，即有必要盡速脫離與對方的關係。

※目前尚無經過準確統計測試後的研究結果，此圖表僅供參考使用。

Chapter 4

婆媳、戀人、職場的有毒關係

——實戰解決方案

媳婦P的有毒關係

P的案例

上班族P是住在婆家附近的三十歲後半職業婦女。她來找我看診的原因是胸口鬱悶，以及情緒難以調節，讓她無時無刻都在發脾氣。她開始訴說她自己與她身邊的環境。

P和老公、上小學的兒子住在一起。在相對年輕的年紀，她就與當時是公司同事的老公相遇並開始談戀愛，然後因為懷孕匆匆決定結婚。P的婆家當時是經營大型書店的富裕家庭，而老公是家中的二兒子。P的婚姻從那時候開始就很不順利，現在回想起見公婆的那天，她還是會雙手發抖、眼眶泛淚。

「要不是因為孩子，我是絕對不會答應你們的婚事的。妳大概不知道有多少了不起的人家要跟我們家相親，我們家本來是不會和你們這種家庭結親的，起碼要像妳大嫂家的等級。反正我現在也不能不讓你們結婚了，但妳不准讓我兒子垂頭喪氣過日子。」

這是將成為婆婆的人所說的話，婆婆年輕時也經歷過殘酷的婆家生活。雖然P家不是非常富有，但也不是貧困或地位很低的家庭。P的父親是公務員，比別人更加嚴格與保守地教育她。P當下雖然非常錯愕，但也說不出任何話，因為她年紀還小又在保守家庭長大，向長輩頂嘴是無法想像的事。她老公替自己的母親辯解，說她只是嘴巴上那樣說，本意並非如此。她馬上就接受並冷靜下來，但這也只是開端而已。

P是職業婦女，她的大嫂住比較遠，包含節日在內一年只會回婆家四次。大嫂的父親有很高的公職地位，P的公婆非常敬畏他。公公婆婆開懷大笑聊著天，而獨自在廚房準備食物給大嫂吃的P，頓時覺得自己就像這個家裡的傭人。和結束節日祭祀與掃墓後，看著臉色很難說出要回娘家的自己不同，大嫂掃完墓之後就和大伯光明正大地回娘家了。留下來洗碗的P聽到婆婆這麼說：

「果然人就是該來自好的家庭，她（P的大嫂）來過之後，家裡氣氛就變開朗了。和每個禮拜來都還是擺張臭臉、不情願做事的某人真是不一樣。」

P傷心得忘了自己人在婆家就放聲大哭，那天是她第一次在婆家一句話也不說逕自回家。隨後跟上來的老公不管三七二十一便對P發怒，說他母親會有多傻眼與驚嚇。她向老公傾訴一直以來在婆家遭受的侮辱對待、壓力與不公平，但她老公在話都還沒聽完前就毫不掩飾地堵住她的嘴：

「我媽雖然話那樣說，但她其實很疼妳的，而且我覺得妳太敏感了。」

敏感，婆家用來形容P的字眼。才和婆家認識不到短短幾年的她，現在每個禮拜都會被叫到婆家做事，而婆家的人說她敏感。她放棄了公司升遷與總公司的工作機會，繼續待在和她老公相同的職位；有時候想回娘家見見父母也很困難，要得到許可才能回去。這些對她來說都足以算是犧牲，卻被拿來和一年回來四、五次的大嫂相比，對她來說更是種侮辱，而她老公卻把這種苦衷歸咎於P太敏感，才會有如此奇怪的舉動。她老公一次都沒有站在她的立場著想，所以無法理解她的苦衷，而且不只是她老公，大伯、大嫂也是如此。雖然在她老公、大伯與大嫂之中，P是花最多時間待在婆家的人，卻只有她成了敏感的人。更諷刺的是，這一切還都是因為P背負著最大的包袱。

「我覺得妳好像太在意對錯了，不要太激進，像我一樣好好相處吧，真心一定會有用的。」

不是雙薪家庭，一年還只來四次的大嫂天真地這麼說。P心想，如果她也像大嫂一樣，身為家庭主婦卻可以一年只回幾次婆家的話，那她一定也能做得比別人好。她的犧牲，是除了她自己以外的所有人都認為應該且正確的事。再加上，只要她一個人繼續過這樣的日子，大家就都會很滿意，因此除了P以外的所有人都不樂見P對自己的情況感到不滿。隔天晚上，來家裡的婆婆對P說的話，更能明確體現這一點。

「我知道妳在我們家有很多苦衷，我也知道我對待妳大嫂和對待妳不同，但我只說這一句。世上有所謂的道理，每個人都有各自的位置。妳是如此，妳大嫂也是如此。即使妳受到不公的待遇，那樣毫不掩飾地表現出來也是不對的。決定怎麼對待妳不是妳的權利，而是身為長輩的我的權利。妳昨天的那種行為，是違背道理的行為，希望妳不要在長輩面前表現出不高興的樣子。」

P忍著委屈向婆婆道歉，表示自己錯了。她的內心因此受了很大的傷，她的症狀從那天開始——胸口鬱悶，對一點小事也忍不住怒火，和老公以及進入青春期的兒子天天吵架。但儘管如此，為此離婚仍是她想都不敢想的事，她只能在原地心痛地度日。

她的婆婆依舊對她很冷淡，有需要的話就隨時把她叫來做事。和婆婆在一起時，她就得看臉色、坐立難安，但婆婆卻似乎一點也不會感到不自在。只要P盡到對婆婆應盡的本分，婆婆並不關心她在想什麼或心情如何。婆婆認為這是自己應得的，而P就像是沒有心的機器人。P則和婆婆相反，她不斷觀察婆婆的臉色，當沒辦法滿足婆婆的要求時，又像做錯事一樣感到內疚。

幾個月後，她的公公診斷出罹患癌症，因病情惡化而住進療養院，她要做的事就更多了。她要到療養院照顧公公，同時也要上班，除此之外，她婆婆開始暗示想要跟他們夫妻住在一起。一週見一次面就已經壓力很大了，這對她來說是絕對無法接受的事。但令人無語地，她老公不但沒有拒絕，還開始猶豫了。另一方面，大伯與大嫂積極勸他們和公婆住在一起，只要P露出不願意的神情，他們就說她是自私無情的人，說她明明住那麼近，卻連這點事都不能配合。所有責任與苦衷都由她承擔，而什麼責任也沒扛的人聲音卻最大聲。

有毒關係分析：

呈現強烈主導者、協力者因素的有毒關係

毫無疑問地，P就是有毒關係的犧牲者。主要的主導者是婆婆，而協力者包含她老公、大伯與大嫂，也就是除了她以外所有婆家的人。在我簡單說明有毒關係的概念之後，請她填寫了第三章的「有毒關係檢測表」，其結果如下：

主導者軸總分	20
犧牲者軸總分	14
協力者軸總分	17
孤立性與持續性軸總分	14
暴力性軸總分	10

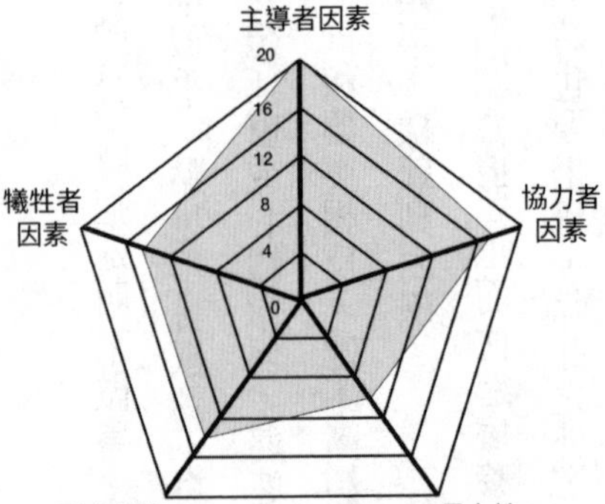

這是家庭關係中，尤其是婆家關係中非常典型的模式，主導者因素與協力者因素相當強大。這種形態在父母與子女、公婆與媳婦等因血緣或婚姻結合的團體裡經常出現，儘管關係裡的暴力性因素低，但主導者與協力者因素卻很高。假如主導者因素與協力者因素很強勢，犧牲者因素自然勢必也會增強。犧牲者既是少數、單方面犧牲，意見又被忽視。

「老實說我真的不懂我婆婆和老公。已婚的朋友或同事中，我幾乎沒有聽說有人過得像我一樣。我朋友們說，我婆家的氣氛就像六〇、七〇年代一樣，我還要每件事都被拿來和大嫂比較。我不開朗？對，我怎麼可能開朗。大嫂是客人，我是傭人；大嫂被對待得像現代媳婦，我卻活得像七〇年代的媳婦。我最不懂我婆婆的是，她明明不喜歡我，卻要和我住在一起。其實對婆婆來說，重要的不是我有多喜歡她，而是我有多聽她的話。每當她面無表情看著我的時候，我就感覺她彷彿是在觀察我是否有乖乖聽她的話，讓我渾身起雞皮疙瘩。」

對身為主導者的婆婆來說，媳婦P並不是一個人類個體，而是一種獎盃。如她所說，對婆婆而言，重要的是P是否服從她的權威。那並不是因為婆婆身體不好不能做家事，也不是因為婆婆沒有錢。P的婆婆很健康也很有錢，所以她完全沒必要對P這麼做，但P的婆婆過去也長期忍受殘酷的婆家生活，所以無法認同世界已經改變了，她需要一個象徵來證明自己的人生沒有白費。對婆婆來說，那就是得有個人受到如同她過去被婆婆折磨一樣的對待。P是否服從，是證明她過去的歲月有無價值的重要基準。

然而問題是，P的婆婆經歷的痛苦，並不是因P而起的。P的婆婆當然也無意識地知道這一點，不管媳婦再怎麼服從自己，她終究無法滿足。內在衝突若是解決方向錯誤，便無法解除與消失。但P的婆婆害怕正視真相，她絕對無法承認自己年輕時遭受的痛苦既不是世間的道理，也不是應該延續下去的美好傳統，只不過是她遇到比別人家思想更古老與固執的婆家而已。

因此，她不斷監視、虐待、侮辱P，讓關係繼續往錯誤的方向延續。她說服自己，自己所受的苦是美好的傳統，以及是為了守護道理的高貴犧牲。而即使P不應該受到這種對待，卻因為成了合理化錯誤情感的犧牲品而承受著痛苦。我問了P有毒關係裡最核心的問題：

「我了解妳在家庭裡遭受的不當對待，但妳仍為了守護家庭而一路忍受所有的痛苦。為什麼不能積極抵抗妳們之間的有毒關係呢？我的意思是，為什麼妳不主張和大嫂平分家務事，或者直接無視他們呢？」

然後在接下來的對話中，我明白P的感受力比一般人高，以及P身邊人的行為，是使她無法擺脫有毒關係的主要原因。P一方面對婆家的霸道感到不合理，同時卻也很同情他們。看到公公被診斷出癌症而婆婆難過的模樣，P也感同身受地感到心痛。她盡力聽從婆婆無理的要求，某種程度也是因為婆婆看起來很可憐。在婆婆有困難的時候不去幫忙，就感覺自己像是壞人；但透過幫助婆婆，她甚至能感受到某種程度的道德滿足感。

但她的老公與大伯夫婦積極利用了她的這一點。尤其大伯和大嫂在稱讚P心地善良的同時，也灌輸她要是以後不繼續忍受犧牲的話，婆家的一切都會更加辛苦。除此之外，當P說在婆婆身邊服侍很辛苦時，他們就會不知不覺間威脅起P，如果她不繼續這樣做的話就會出大事，彷彿這是P的錯一樣。但只要P負擔起婆家的事，他們就對P毫不關心。

無論有沒有意識到自己正操縱著P，他們的目標都只有一個，就是盡可能遠離與婆婆有關的事物，並使婆婆的厭惡集中到P的身上，便能從中得到好處。因為對他們而言，婆婆是很難對付的存在。他們明確扮演著有毒關係協力者的角色。

P的有毒關係解決方案

①承認有毒關係，飛越自我懷疑

有毒關係犧牲者P對關係的感覺被破壞了。雖然在外她是一位有能力的上班族、有自信的社會人，但唯獨在婆家卻感覺自己像是有什麼不足、欠了債的人，最大的理由是因為婆家大部分的人都默默強迫她扮演那樣的角色。儘管她是犧牲最多的，但卻被視為都是應該的，而且如果她想擺脫這個角色，他們就會像是認為她人格有問題一樣撲上前責備。與他人的關係是面能反映出自己的鏡子，單方面、有毒，而且不合理的關係持續，徹底摧毀了P的自尊。

因此，即使她確實是遭受了不當的對待，她卻無法確定自己正在遭受著不當的對待。這樣的傾向使她無法將擺脫有毒關係的想法付諸行動，因為主導者與協力者們不斷對她洗腦：「如果妳不犧牲，就是有道德問題的壞媳婦。」害怕受到道德批判的P，於是忍耐著接受近年來在一般正常婆家中幾乎已經消失的不合理對待。但當她與同一時代的其他媳婦們相比時，卻又會感到憤怒，同時也因無法擺脫這樣的處境而感到心痛。每到傷口痛得無法忍受時，她甚至會這樣欺騙自己：

「是啊，看新聞說有些媳婦甚至在婆家會被公公辱罵，至少我們家沒有那樣。」

她需要的是認知到自己確實身處有毒關係中，而且其他人還濫用她的立場與同理心在操縱她。此外，她也必須知道，自己是被強迫符合不必要的嚴格道德標準，但對她做出這種要求的人卻絲毫沒有遵守這些標準。在診間反覆進行有關有毒關係的面談後，她漸漸可以分離自己的感覺與被他人強迫的感覺。

她的婆婆因老化和身體不適導致情緒敏感，以及她公公得了癌症，這些都不是她的錯；做生意的大伯夫婦住得遠，每次回來一趟就要花很多時間，並為此感到不舒服，也不是她的錯。反而是P放棄了升遷，盡了最大的努力。他們默默認為這一切都是P應該負責的問題，但這應該是各自要負責的問題。假如她是欣然接受這一切並付出犧牲的話，那或許還不一定，但這並不是她必須不惜犧牲人生與精神健康來負起的責任。

與有毒關係以外的治療者諮商，她才得以脫離有毒關係裡被扭曲的價值觀，開始觀察現代社會裡普遍的情況。P的婆婆只能靠自己擁抱與安撫自己的衰老與過去的傷痕；P的老公應該對自己的父母負起身為兒子的責任，以及身為老公，在公婆與P之間調解的責任；P的大伯夫婦則有義務拋開利用她來逃離衝突中心的態度，自己也擔當起問題當事者的角色。即使他們覺得各自的任務很辛苦，甚至可能失敗，那也完全不是P的責任。P就算努力也無法替他們做些什麼。

②擺脫主導者與協力者的操縱，讓他們失望

不管P的意見如何，她婆家的人幾乎都認為P夫婦和婆婆一起住的事已成定局，連當事人婆婆也完全沒有和P討論。從這樣的案例可以看出，在有毒關係已固定化的團體裡，犧牲者以外的主導者與協力者們，會極力否認犧牲者也有心，以及會有的不同意見。取而代之的是，他們會拿出傳統、道理與共同體的價值，輾壓當事人的立場，讓犧牲者背負所有感情上和物理上的包袱。

「我不想要，我還沒準備好和媽一起住。」

這是她結婚後第一次在婆家主動表示拒絕。這也是她接受精神健康醫學科治療和數個月的苦惱後，鼓起勇氣第一次說出反對意見。家裡當然大亂，尤

其婆婆非常生氣，說在自己透露出要一起住以前，媳婦就應該要先開口詢問才對。還說她先提出同居的想法就好像是她在拜託媳婦，這已經很傷她的心了，竟然還拒絕，到底腦子有什麼問題，又加上「很髒」、「太不要臉了」等不願一起住的咒罵。

大伯夫婦和P老公的行為更是讓人大開眼界。他們先是笑著勸P再辛苦一點，但當P明顯聽不進他們的勸後，就馬上對P大聲怒罵。說不知道她是這麼自私的人，這麼點事是會有多辛苦，現在造成家裡大亂，又讓媽媽心痛。大伯與大嫂明明是問題的當事人，口吻卻像外人，與政客經常使用的「靈魂出竅話術」如出一轍。P冷靜地反駁道：

「如果是這麼簡單的事，大嫂你們可以來服侍嗎？沒錯，我的人品不好，所以沒辦法服侍長輩。到目前為止，我犧牲了我的工作、沒有了週末，一直都在服侍婆婆。而現在因為我不願再犧牲，所以大家就都開始指責我嗎？那麼擔心婆婆的話，為什麼不親自來照顧呢？大伯、大嫂的時間很重要，那我的人生就不是人生嗎？不能站在我的立場想想，我到目前為止所做的犧牲嗎？」

雖然話說得很冷靜，但P在擺脫有毒關係的這段時間是非常痛苦的。她好幾次來到診間，訴說自己因為打破婆家和平而感到愧疚，雖然這是為了自己所做出逼不得已的選擇。即使她是犧牲最多的人，只不過一次的拒絕，她就被指責成破壞家庭的媳婦。事實上，周圍的人才比誰都還計較得失、行動狡猾，但當她不再受他們操控時，他們卻責備她是斤斤計較又自私的人。我安慰她說道：

「假如晚輩服侍長輩，比自己的任何幸福都還重要，那為什麼只有妳付出實質上的犧牲呢？除了妳之外的其他人，只是在強調自己的意圖而已。我認為從結果來看，只有妳消耗了人生與時間。即使因為妳的拒絕讓婆婆傷心、被其他人指責，即使妳會暫時感到自責，我認為那也不代表妳是錯的。其實現在這不愉快的討論與爭論應該在更早之前就要發生了。意見分歧以及對彼此不滿是關係中再自然不過的事，妳絕不是在向他們提出不合理的要求。不是只有妳需要負責任，也不是只有婆家的人有權利提出要求。」

現在，即使是在婆家的壓迫之下，她還是可以表達出自己的意見。雖然不愉快的時間依然持續，P也依然受到指責，但她慢慢開始變得無感。漸漸地，P擺脫了不必要的自責。除此之外，當意識到P不再受他們擺布之後，協力者們也停止逼迫P了。她逐漸擺脫有毒關係扭曲的影響。

雖然害怕後果，但必須對主導者說出自己想說的話；必須不屈服於他人灌輸的愧疚感，脫離主導者與協力者們的威脅與操控；必須不畏懼讓他人失望的不適感，將其視為日常。這是擺脫主導者和協力者因素強大的有毒關係時，最重要的過程。

③ 找回自己的感受，接受不適感

P花了許多時間拒絕擔任有毒關係犧牲者的角色。她與婆家變得疏遠了，之後去婆家，P的婆婆把她當成隱形人一般對待，但最後也忍無可忍，克制不了便發火大喊再也不想看到她。此後，P大大減少了拜訪婆家的次數，工作繁忙或狀態不佳的時候，就讓老公自己去婆家。

P老公的苦衷相對增加了。因為P不像以前那樣獨自扛起有關婆家的事，於是P的婆婆開始不斷斥責自己的兒子。居中協調與看臉色是非常困難的，雖然旁觀的P感到遺憾，但她思考後認為，那是誰也幫不了忙的，是她老公必須自己解決的問題。

P的婆婆依舊獨自生活。P的老公猶豫了一陣子後，勸母親如果不方便的話，就到大兒子家住，而大兒子夫婦當然是直跳腳了。婆婆不想給子女添麻煩，也覺得自己還算健康，所以決定自己住。婆家的人想操控P的時候，就會大驚小怪說不馬上去服侍婆婆的話會出大事，但儘管P沒有服侍婆婆、不像以前一樣每週去見婆婆，也沒有發生什麼驚人的大事。聽說連嘴巴上那麼替婆婆著想的大嫂，也因為不得不照顧婆婆而和她老公大吵了一架。「道理」、「天倫」、「孝道」，這些婆家的人曾掛在嘴邊的話，看到他們實際上沒有人能遵守，P苦笑了。

P最近恢復了和兒子的關係。比起花心思在婆家，隨著和兒子的對話時間增加，她可以更從容地應對兒子進入青春期的問題行為。當內心的心結與憤怒減少，她可以更溫和與體貼地和身邊的人溝通。回想自己過去無法調適憤怒而對別人發脾氣的模樣，P覺得說不定那時她也像婆婆一樣成為了有毒關係的主導者。她在公司很快就要升遷了，這次她預計會接受升遷。

P在婆家依舊是又壞又自私的媳婦，她這幾年為婆婆所做的一切就像不曾發生過，但P不像從前那樣憤怒了。無論是否犧牲，P都接受了他們絕不會揣摩她的心情與情緒，或把她的事當作自己的事一般重視。她不會再不必要地把自己的人生與努力獻給他們，而是會把那些努力用在自己以及她愛的人身上。

婆家的人現在無法像從前那樣隨意對待她，或把她的犧牲當作理所當然的了。他們顯然對P感到不自在，但反過來說，那種不自在也代表婆家的人承認P有自己的情緒，並把她當作人類對待。P最近雖然大致上過得不錯，但心裡偶爾還是會感到不舒服；雖然情況比以前好了，但還是會擔心是不是只要自己願意犧牲，大家就都能過得好好的，反而把事情鬧大的她，擔心自己是不是又自私又壞的媳婦。我依舊對動搖的她這樣說：

「妳不是為了滿足他人而活，他人也不是為了滿足妳而活。每個人都有各自的價值與人生，妳不可能滿足所有人。我們每個人在某些人眼中，都無法避免會成為壞人。所以希望妳先成為對妳自己以及妳愛的人而言的好人，心有餘力的話，再去成為其他人的好人。請不要太過厭惡無法滿足所有人的自己，或因此感到傷心。這段時間妳辛苦了。」

女大生L的有毒關係

L的案例

L第一次來診療室時，手腕上戴著骨折和扭傷患者會使用的固定板。她的症狀是過度警覺（hyperarousal），只要電話響起，她就會嚇一跳，並且心跳加速。症狀日益嚴重，甚至上課的時候也會突然心跳加快，感覺快要窒息，並跑出教室。抗憂鬱劑與抗焦慮劑也起不了太大作用，她的嚴重慢性壓力似乎靠藥物也應付不了。

其實我不只一兩次詢問過L焦慮的原因。她和交往大約一年的男友反覆分手又復合，每當我想多了解他們的關係時，她就會極力中斷對話或離開。直到她另一隻手的手指第二次戴上固定板來看診的那天，她才開始詳細談起她的男友。

L猶豫了一下之後，告訴我她和男友之間的事。L和男友是在咖啡廳打工時認識並開始交往的。比她大四歲的男友就讀首爾知名大學企管系，身材高䠷而且很有男子氣概，L被男友滿滿的自信與積極的模樣所吸引。L的男友懂的東西很多，能言善道；雖然不是主修科目，但他喜歡讀哲學與心理學書籍，人文素養也很豐富。在年紀還小的L眼裡，這樣的男友看起來很帥氣。

男友為了累積人脈，總是忙於參加運動社團與各式各樣的聚會。L因為是第一次交男友，想和男友共度許多時光，因此L變得總是要配合男友的時間。當男友有時間而L卻沒去見他的話，他不會想到是因為自己經常忙碌抽不出時間，而是會明擺著心情不好。L以為是因為男友很喜歡她才會這樣，所以不以為意，但男友卻越來越想控制她的生活。

衝突在她社團聚會的那個晚上爆發。L拒絕了時隔兩個禮拜才有時間約會的男友，去參加了社團的聚會。手機響起時，她沒有接，但最後還是敵不過男友不斷打來，只好接起電話。男友問L現在人在哪裡。

「我現在在社團的聚會，我有跟你說今天畢業的學長姊們也有來，所以今天一定要參加呀。」

L不耐煩地說。接著，L的男友追問：

「那裡有男的嗎？」

「為什麼要管男的女的？社團當然有男有女，我又不是來見男人的！」

男友非常執著，最後她敵不過男友的糾纏，在求得學長姊們的諒解後先行離開，後來在社團解釋原因也很為難。隨著關係持續進展，L的男友越加展現出執著的一面。雖然他非常努力在別人面前表現溫和與知性，但假如他不滿意或有什麼刺激到他，就經常當場發火並激烈辯解。特別讓L受不了的是男友看到他人不足之處時的反應，尤其是自己系上的學長姊，以及來自特定地區的人。和L交往幾個月後，男友就開始不斷在她面前罵別人；相反地，那些看起來擁有較高社會地位的財閥或藝人，他就會沒頭沒腦地把他們理想化。

「欸，不覺得那些在抗議的人看起來很寒酸嗎？那種人大部分都是想要勒索錢財，或希望以後得到一個位置。唉，我們大學學長姊也有一些人參加那種示威社團，真可悲。那些人會成為大企業或精英發展國家的絆腳石。」

這是L的男友看到街頭示威要求大企業與政府，為對社會帶來巨大衝擊的災難道歉時所說的話。當他聽說同系的學長畢業後進了法學院，就在L面前滔滔不絕地發洩說律師都很腐敗，而且錢也賺得沒以前多；但實際上他卻又對那位學長很親切，想要和他變熟。不僅如此，他也漸漸開始對L隨便亂說話。男友一開始令人尊敬，而且看起來很帥氣的哲學與心理學知識，成了他攻擊L的武器。當L不聽他的話，或沒有表現出積極認同時，男友就說她「感受力不足」。她偶爾聊起自己的心事，男友就會毫不掩飾地表現出不在乎的樣子，像是她個性有問題一樣批評她太自戀。雖然L不曾認為自己是那種人，但男友舉出各種心理學理論，強調她是自戀狂（自戀型人格障礙），她也開始動搖，認為或許男友的話是對的。

L開始對與男友之間的戀情感到厭倦。在與男友的關係中，L感覺自己就像是單方面接受他要求的牆，或是撫養新生兒的母親。男友要求L給予無限的理解與關懷，但似乎毫不在意L想得到愛的要求或想法。此外，只要L稍有一點不如他的意，他就會一直傳訊息或大聲發脾氣，以威脅性的反應讓L閉嘴。

事情發生在無法忍受的L向男友提出分手的那天。男友一聽到她說要結束兩人的關係，氣得臉都扭曲了。他像是受到了極大傷害一樣，嘴唇開始顫抖，接著當場對L破口大罵：

「好啊！妳就好好過妳的日子吧。我也不想再跟妳這種長得醜又活在自己世界的女人交往了。既然要分手，那我就都說出來吧。妳真的很不怎麼樣，我是可憐妳才跟妳在一起的，妳那麼自我感覺良好很好嗎？總是有一堆抱怨，也不懂得體諒別人。妳滾，去找個了不起的男人過日子吧。」

L長這麼大從沒聽過如此充滿惡意的話。男友的一番話讓她很無言，但既然已決定分手了，L也不想再互相傷害，於是就轉身回家了。但男友雖然像是再也不會見面一般口出惡言，當晚卻開始瘋狂打電話給L。L不接電話，他就一直打到凌晨，所以她只好把手機關機。幾天後，L的男友喝醉酒來到她的租屋處，他就像神智不清的人一樣一下發飆、一下說自己錯了請求原諒，一直反反覆覆。不管L再怎麼要他出去，他都不離開，好不容易把他推出門了，他卻粗暴地拉扯L的手，於是L摔倒在地，手腕的骨頭出現了裂痕。

在那之後，L的男友就會喝了酒後不斷聯絡她，也曾找上門來跪著求饒。L看著那樣的男友覺得可憐，心裡也難受，最後因為無法拒絕，只好再次復合，但這卻是惡夢的開始。男友只是一時裝作體貼L，他本來就經常懷疑L，想控制她的行程，現在比之前更變本加厲，開始干涉她的生活。男友不喜歡L和別人出去聚會，甚至有次突然出現在L系上的聚餐場合，瞪著和L聊天的學長，差點就吵了起來。

更重要的是，L的男友開始會對她動粗。一開始手腕骨頭出現裂痕時，L認為那只是吵架過程中發生的意外。然而，當她向男友透露出想分手的想法時，男友便粗暴地抓住她的肩膀，或是緊抓她的手腕強行拉走她。這樣的情形反覆上演，L才發覺這可能是「約會暴力」。只要她提出想要分手，男友就像受傷的禽獸一樣舉止殘暴。日漸嚴重的粗暴態度使她感到害怕，甚至之後只要男友舉起手，她就感覺像是在威脅自己一樣嚇得縮起身子。在L第四次向男友提出分手的那天，男友打電話給L，暗示他要自殺。男友喝醉酒，用口齒不清的聲音指責她：

「喂，妳知道我現在在幹嘛嗎？我收集了安眠藥，我打算吃了這些一了百了。如果這樣也死不了的話，那我就去跳漢江。我是因為妳而死的，因為妳不願理解我的心，傷害了我。我對妳盡心盡力，想拯救自己眼裡只有女友的人生。為了妳，我盡了最大的努力。但妳卻要離開我？我會在遺書上寫上妳的名字，然後去死的。我要讓大家看清楚我是因為誰而死。」

她既驚慌又自責。想到男友萬一因為自己而死就害怕得難以承受，甚至擔心他的父母或好友會怨恨她、對她懷恨在心。L腦中出現各種不好的預感，只好趕去男友的租屋處安撫他。

有毒關係分析：

無協力者因素，是在主導者因素、犧牲者因素之間呈現強烈暴力性與孤立性的有毒關係。

主導者軸總分	15
犧牲者軸總分	13
協力者軸總分	0
孤立性與持續性軸總分	17
暴力性軸總分	20

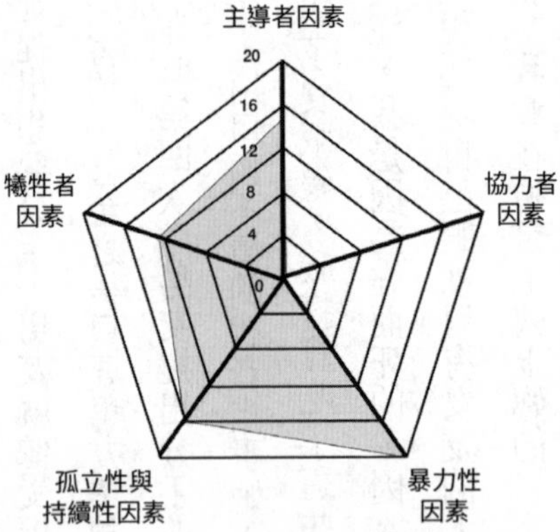

僅從總分來看，L與男友之間關係的毒性看似相對較低，但有毒關係帶來

的影響，不能只看各因素的總分。總分低是因為影響關係的協力者因素比其他關係低，這也是尚未成為家人的男女關係會有的特徵。這個案例值得關注的是，在兩人的關係中，主導者施予犧牲者的暴力性處於危險等級。

在人際關係中，暴力的特徵是程度會瞬間變強，且暴力的程度一旦上升，就不容易下降。再加上，使用暴力的加害者容易習慣暴力，當使用暴力的次數越多，就對施暴的罪惡感越無感。犧牲者因為暴力而放棄表達自己的想法，進而聽從主導者的意見，反而讓主導者誤以為是支持自己正當性的證據。暴力以假裝要推人或用力推頭威脅等衝動性、非物理性的暴力開始，接著就是武器毆打或用刀威脅等等，程度會瞬間提升，往往釀成嚴重的傷害或殺人等駭人的結果。

Ｌ開始出現急性壓力障礙的症狀。自從男友開始對她施暴後，路上經過她的所有男人對她來說都具威脅性，電話鈴響等瑣碎小事也能嚇到她。這是身體上受到嚴重威脅的患者們會有的典型反應，但相對低的犧牲者因素分數說明了，她並沒有自覺到自己是暴力的犧牲者，她甚至同情他。這為Ｌ帶來很大的不協調感，她確實是暴力的犧牲者，且暴力程度逐漸提升到威脅她安全的程度，但她仍無法意識到問題的嚴重性，甚至同情起暴力的加害者。

「我也不知道為什麼我的心會這樣。男友大鬧之後，有一段時間都對我很好。為了挽回我的心，他會買禮物送我，雖然可能很難相信，但有時候他真的會跪在路上求我。當然他瞬間失去理性的時候很恐怖，所以我也經常在想，總有一天會真的出事，應該要結束這段關係才行。但真的要分手的時候，我又感到很自責。我想是不是就像我男友說的，因為我自私又自戀，才會讓他變成那樣吧。」

據L所說，她男友自信滿滿的背後，隱藏著非常脆弱的一面。他畢業於明星高中，上了首爾的頂尖大學，為此感到相當自豪。他平常看不起貧困與來自首爾以外地區的人，但事實上他從小就失去父親，是母親獨自辛苦把他帶大的。他的母親是非常堅強的女性，成為他的後盾，還提供他大學學費，但聽說，他從未聽母親對他說過任何一句溫暖的話。他的母親為了彌補自己人生的遺憾，對他寄予厚望，只要他無法達到期望，就會對他惡言相向。聽到他酒後的哀嘆，L感到相當同情。有時候，男友要求她眼裡只能有他的幼稚自私，在L看來就像得不到父愛和母愛的小孩在哭一樣。L對男友暴力的無意識恐懼，以及對他沒有施暴時呈現出的人性化、可憐的一面產生了同情心，使L被困在有毒關係中。

相反地，對L的男友而言，只有他自己會有情緒，那是他所能看見的整個世界。對他來說，戀愛關係只是達成自己的滿足感，以及只有自己的情緒被理解的單方面關係。他不知道別人也和自己一樣，會希望被理解、被安慰。大腦視覺皮質受損的人，不僅視力會變差，視覺的概念也會變弱，於是意識到他人情緒的比例就會跟著下降。

因此，當L表達和他不同的想法或希望情緒被理解，對他而言這就是自私，是「自戀」。因為世上只有自己的情緒應該被尊重，所以一切不尊重的行為都是徹底錯誤與不當的。在L男友的眼中，或許真的認為L是「自戀型人格障礙」，甚至覺得自己應該矯正這樣的L。

男友的態度不僅讓L的愛情降溫，也給她的人身安全帶來威脅感與厭惡感。但在這段關係中，兩人的影響力差距太大。L的男友在口才、年紀、社會經驗、體格與力量等所有方面都比L強大，更重要的是，為了擁有關係的主導權，他很清楚該如何利用這點。其實L的男友使她屈服的邏輯，在旁人看來鬆散得離譜。所謂正確的標準每次都不一樣，而且只要L表現出想反對他的樣子，他就會以威脅的言語或肢體動作使她屈服。當L說需要時間來思考兩人的關係時，他就絕對不會給她時間。但有時他也會跪著求情或威脅要自殺，犧牲自己的尊嚴或面子。簡而言之，為了達成自己立即的要求與滿足感，他不惜拋開禮儀與面子，不擇手段。

L必須依照他的意思，有時扮演女友的角色，有時扮演裝飾品的角色，甚至有時還要扮演媽媽的角色。只要她處在這段關係中，她就絕對想不出也表達不出有什麼不對，反而感受到連自己都無法說明清楚的愧疚感。除此之外，她現在甚至懷疑起自己的性格。這是有毒關係犧牲者典型的例子。我對她這麼說：

「暴力掩蓋了人際關係中的許多東西，掩蓋了加害者的罪惡感，有時候反而使犧牲者感到愧疚。暴力一旦開始，就幾乎不會自發性地停下來，程度反而會逐漸變強。加害者習慣使用暴力後，便認為那是自己的權利。無論哪種形式，一旦關係中開始出現暴力，我們就必須先中斷或停止那段關係。」

L的有毒關係解決方法

①拒絕暴力對關係所有面向上的影響

肢體暴力屬於精神健康醫學的緊急狀況。但儘管如此，韓國對於約會暴力的警覺還是偏低的。因為彼此是戀人這種特殊關係，所以很多時候會克制外界的介入，懲處也偏低，有時候經常導致殺人之類的駭人結果。從二〇一二年至二〇一七年止，韓國共計有四百六十七名女性死於約會暴力相關的暴力犯罪。（資料來源：警察廳）

然而，L卻對要積極處理自己的有毒關係猶豫不決。就算男友推自己、把自己強行拉走，或威脅性的動作與言語逐漸增加，她還是不清楚自己明確來說是為什麼會感到痛苦。從那關係中也感受不到可接受的滿足感與安全感，只是在什麼都無法選擇的情況下承受痛苦。而且在那之中，還有男友利用暴力與牽強邏輯進行的煤氣燈操縱。

主導者的合理化伴隨暴力而來，是使有毒關係犧牲者心裡產生無力抵抗狀態的有效方法。不是只有加害者會習慣暴力，習慣暴力的犧牲者只要看到加害者的模樣與表情，也會漸漸失去正常的判斷力。有時比起暴力造成的傷害，大聲吶喊或是感覺到安全被威脅，本身就比暴力所帶來的傷害更大。習慣暴力的犧牲者們為了逃避這樣的情況，只好聽從對方的要求。而有毒關係的主導者們趁著這個機會，彷彿獲得了絕對的名分一般，向卸下防備的犧牲者灌輸只在自己內心世界通用的想法。最後，犧牲者就會認為「這些是我應得的」，贊同主導者的名分，並為自己的行為感到自責。L的男友在每當L意識到他們之間關係的問題而試圖擺脫時，便會執著地重複上述過程。因此，在他們的關係中，有必要使她男友再也無法對她使用最立即與強烈的武器——語言和非語言的暴力。

在一定程度的暴力持續的關係中，一定有主導者試圖維持的東西。他們想在孤立的場所與犧牲者見面，而且絕對不希望外界發現自己對犧牲者的所作所為。因此，只要利用開放場所，以及非有毒關係協力者的第三人，就能相當程度地預防暴力。相反地，他們想盡辦法和犧牲者單獨在一起，假如犧牲者告訴第三人與自己有關的事，他們就會感到丟臉而大發雷霆。憤怒也是他們感到恐懼的表現，因為他們比任何人都清楚自己的行為是不當的，而且邏輯站不住腳。我告訴L，和男友見面時，無論什麼情況都不能製造兩人單獨在一起的機會，而且只要他稍有一點動手動腳的情況，就要向警察或約會暴力受害諮詢中心檢舉。更進一步，她要盡可能讓父母與好友知道自己所遭遇的情況。

「這種事真的可以報警嗎？聽朋友們說，就算警察來了也解決不了什麼。我這樣不會顯得很奇怪嗎？」

我回答道：

「妳有不遭受肢體或言語威脅的權利，這是當然的。無論對方用什麼方式正當化暴力，這個權利都在其他所有權利之上。假如妳報了警，警察卻問為什麼因為這種事報警，反而指責妳的話，那麼那是警察的錯，而不是妳。不要在意社會普遍觀念或當天的氣氛，這些只是男友正當化自己的大道理。妳要專注在終結妳內心的痛苦上，即使所有人都反對，也只有妳站在妳自己那邊。」

②擺脫暴力的影響，重新檢視自己的內心

最後，L因為男友不顧她不願意，硬闖入她的租屋處，於是果斷地報警了。雖然到場的警察帶走了自稱很冤枉卻恣意妄為的男友，但因為是初犯，所以很快就釋放他了。男友的反應不出所料，一直打電話直到L接電話為止，而當她一接起就是一陣謾罵，責怪她竟然因為這種事報警，並表示L果然如他所想是神經病。他激動的模樣讓L害怕，於是向他道歉，但L又馬上鼓起勇氣說：「現在你讓我感到很害怕，所以我們別再見面了。」並提出分手。

然而，L的男友是絕對不會放棄的，他非常熟悉如何對L長期操控。他們的關係不是由他自己，卻是由L來結束，這件事讓他同時感到憤怒與不安，而

且這樣的情況使他想起這輩子最害怕變成的兩種人——失敗者以及不被認同的人。L躲避他也不接他電話，於是他開始徘徊於L附近。他再次喝得爛醉，沒有事先聯絡就在L的住處前等著，然後頑固地跟進她的住處。L的父母與哥哥因為擔心她而來到首爾，就在房裡等著。

L的男友用喝醉的聲音辯解事情不是他們想的那樣，但L的父親請他不要再接近他女兒了。雖然他見到L的父親與哥哥後很洩氣，但還是不停狡辯和L是因為彼此相愛才會那樣。L的哥哥堅決地表示，以後要是再發生這種事，就會聘請律師，並把事情告訴他父母與學校。這話刺中了L男友最害怕的部分，他才終於面露苦色，而看著男友驚慌失措的樣子，L的內心產生了某種變化。

「真的很奇怪，兩人單獨在一起的時候，他說的話好像都是對的。他總是態度自信，感覺很有領導力，覺得『他真的是為我想，想矯正我的錯誤嗎？』然後就會被牽著鼻子走。但我感覺他好像只有在和女生單獨在一起的時候，才會有男子氣概的一面。他與力氣和自己一樣大、年紀也比自己大的男人在一起時，看似無法打破的清晰邏輯與自信就瞬間消失了。我心想：『只有在與比你弱的人在一起時，你才能那樣談論自己的合理性嗎？』更奇怪的是，他以前那種渴望得到認同、想爬得比別人高的模樣，現在看起來卻很可悲。我以為我是無法放他不管，所以才愛他的，但我現在已經不再對他感到同情了。『一個人的形象怎麼會只因為有其他人在就變了呢？啊！原來我不是愛他，我是害怕他。』我有了這樣的想法。」

暴力性與孤立性相互影響著，僅憑向第三人公開兩人關係中發生的事，就足以使束縛著L的有毒關係瞬間失去力量。假如主導者施暴並烙印在犧牲者身上的「都是為了心愛的你好」是真的，或者假如犧牲者對主導者的愧疚與同情是真心的，他們的行為與想法是不會僅因為孤立性的消失就輕易改變。暴力一消失，兩人的關係就露出了真面目。

看似理直氣壯的男友，對L的態度其實是侵害了權利與安全的無禮。他像精神科醫生或心理學家似地判斷L的人格與精神健康，無異於是從自己的觀點隨意判斷他人的人格，並試圖讓別人聽從自己的暴力行為。這不是愛情，而是暴力。L意識到自己對男友懷有的同情與仁慈，就如同幫助恐怖分子的人質一樣，其實是因為害怕對方而開始欺騙自己，以避免自己受到傷害。L與男友的關係此時才終於從主人與所有物的關係，變成人與人的關係。

「其實我很痛苦也很生氣。自戀是指不替別人著想，只希望自己的欲望被認同的人，不是嗎？我不是那樣的人。我一直覺得有人隨便那樣說我是很不合理的。在我看來，我男友才是那樣的人吧。只要跟他在一起，我就覺得自己好像是他的情緒垃圾桶。我不想再繼續這段關係。」

L終於認知到，她一直以來不被認同，產生自我懷疑的內心真正的樣貌。受暴力威脅時，人類就像草食性動物看到肉食性動物後全身凍僵一樣，內心被壓抑住了。這是哺乳類動物特有的本能，看到掠食者就盡可能隱藏自己的模樣來保護自己，但那只是面對危機的反應，並不是本意。擺脫暴力的束縛後，L重新找回內心的原貌，現在開始往下一階段前進。

③ 恢復被有毒關係打破的界線

有毒關係被打破之後，主導者會出現一種行為：貶低犧牲者，不想再看到對方，或執著努力讓對方重新回到有毒關係。L的男友選擇了後者。雖然他比過去更加小心翼翼，但還是沒有停止聯繫L，要是L不接電話，他就去學校找她。但L並沒有回心轉意，她的心早已不再擔任有毒關係的犧牲者了。

然而，其實L的內心並不舒服，她為兩個問題煩悶。第一，她的自尊心嚴重低落。她越是重新回想與男友的關係，越感覺到自己真的不被男友尊重，而且還導致了新的自責。她想，假如自己再強勢一點或理直氣壯的話，就不會遭遇到這種事了。除此之外，男友現在時不時就聯絡她、來找她的行為，也刺激了她低落的自尊心。和身邊得到自己男友的愛與尊重的朋友相比，感覺像是「自己也不過如此，所以受到男友這樣的對待」，因而感到傷心。第二個問題是恐懼。現在男友對她所做的行為等同跟蹤。以前L因為太害怕男友而否定了恐懼，但她現在強烈地意識到男友可能會對自己施暴。因此，她非常害怕又被不斷來找自己的男友操控，成為暴力的犧牲者，進而無法再次擺脫這種關係。對於她的煩惱，我這樣對她說：

「有毒關係的主導者為了把犧牲者的內心當成自己的工具，會把對方和自己的心靈界線變得模糊。他們因為沒有勇氣正視自己的內心，所以把自己的匱乏當作是對方的匱乏來欺騙自己、壓迫對方，並使那樣的自我欺騙更加完美。除此之外，比起主導者，犧牲者往往是相對有感受力、精神健康的人。會對對方的匱乏懷有惻隱之心，試圖幫助他們並檢視自己是否失誤，這些都是健康的人才有的心理狀態。因此，犧牲者在有毒關係裡所表現的模樣，並不是犧牲者真正的樣子。犧牲者也並非在精神方面就無能或看起來比別人好欺負，而是因為主導者無論對方是誰，只要能滿足他們的匱乏，就會開始和以前一樣的有毒關係。並不是因為妳是妳，才遇到那樣的情況，有問題的是他，不是妳。」

還好L能夠全盤拒絕男友想維持關係的固執嘗試。若男友看起來又像以前一樣想使用暴力的話，L就會立刻指責或阻止他，繼續不停止的話就報警。當他意識到即使警察不會真的出動，L也隨時可以報警時，就漸漸無法對她隨意亂來了。他現在似乎知道L不再順著他的意了，持續拒絕並讓男友不能對自己隨心所欲後，L很快就恢復了自尊心。因為她明確意識到，那只是男友自私的行為，而不是她的錯。她認為自己的確是犧牲者，現在只是拒絕再當犧牲者而已。男友的行為舉止與有毒關係，現在對L的內心再也沒有任何影響。

某天，L的男友喝醉酒打電話給她，就像以前一樣，他威脅L如果不和他見面就要自殺。這次他說他在漢江附近的某座橋上。L平靜地說完話之後就掛了電話：

「希望你可以為你自己的心負責，那應該不是我能替你解決的問題。」

男友用生命威脅對L來說也行不通了。那之後，L的男友就沒有再打給她或來找她了。幾個月後，她的症狀也消失了，不再因為電話響起而心跳加速，也不再過度換氣了。為了這些事傷心了好一陣子的L，說她最近想交新男友，但她擔心會再遇到和之前一樣的事，於是我對她說：

「假如下一段關係也傷害了妳，到時候也像這次一樣拒絕吧。拒絕傷害妳的關係、維持妳想要的關係，這是妳所擁有的權利，也在關係中扮演了重要的角色。因為妳就是妳的關係裡的主角，不是配角或周邊人物。希望妳在重新找到的關係中，能珍惜妳的拒絕權。」

上班族M代理的有毒關係

上班族M代理的案例

「這裡的行距不一樣啊！重新弄好再來！」

在首爾一家大企業營業部工作的M代理，這次的企劃文件又得不到O科長的批准了。打算昨天就要得到批准的報告書，因為無法通過而延遲到了今天，但O科長光今天就又退件三次了。四周傳來員工們竊竊私語的聲音，這是令人厭倦又熟悉的反應。O科長是M代理的直屬主管，他一開始先是覺得文件的分段形式有問題，後來又指出非常瑣碎的標點符號錯誤，最後又因為揪出Word行距有一行不一樣而退件。在其他科長下面三小時就能完成的審核，在O科長下面過了兩天還在原地打轉。

M代理進公司時年紀相對輕，是從主任升上代理的三十歲前半男性上班族。他高䠷修長，外表看起來很開朗、充滿活力，但M代理最近在接受我的諮詢與藥物治療。因為上班壓力很大，他每天早上都很難睜開眼，洗澡的時候感覺暈眩且心跳極快。他的症狀在禮拜天特別嚴重，從禮拜天下午開始就心很累，什麼也做不了；發著呆到了晚上，就被想逃到某個地方的衝動給籠罩。這是所謂的倦怠症候群。

症狀是從他晉升為代理後開始的。準確來說，是從他晉升後到O科長底下工作後開始的。四十歲的O科長綽號是強迫症，與M代理相比之下，他的身材胖胖的，而且已經開始禿頭。雖然他得到其他科的科長或在他之上的部長們不錯的評價，但也因為獨有的強迫症作風，讓下屬受苦的事眾所皆知。他尤其執著於報告書的錯字與格式。

M代理與O科長特別合不來，據M代理所說，從第一次和O科長見面開始，他就對M代理沒什麼善意。他被升為代理後，去向直屬主管O科長打招呼。當時O科長正在審閱文件，M代理為了和即將成為直屬主管的O科長親近一些，於是聊起了O科長電腦桌布上的搖滾樂團。

「哦？科長你也喜歡這個樂團嗎？我也很喜歡他們呢。」

O科長用微妙的表情看著M代理，然後不發一語地把電腦螢幕關掉，就像是在說：「不想和你談論這種話題。」M代理感到丟臉與慌張，苦惱了很久自己是不是說錯話，但後來就沒當作一回事了。

然而，M代理的苦日子這時候才開始。在M代理所屬的部門裡，代理經常要扮演連結科長與其下屬的中間管理者角色。雖然實際上的工作決策權限不大，但要處理的事情很多，因此每件事都要仔細地向科長報告與討論。他必須製作文件進行報告、處理交辦事項、填補空缺讓事情順利運作，但O科長沒有具體的指示，經常以報告書為藉口延遲做決策。當M代理詢問關於自己無法做決定的業務方向時，O科長的反應不外乎這兩種之一：

「你做代理幾個月了，連這都不知道？去找規範！」

「徹底找過了嗎？都找過之後再來問。」

公司生活裡的規範或指南只是假設基本情形而制定的。當代理的權力範圍內無法決定的問題，才向科長尋求指示，但O科長卻非常不喜歡由他來做決策。除此之外，提交的報告書，他也只是雞蛋裡挑骨頭地檢查錯字、文章格式等等，卻沒提及任何有關文件的方向或內容的事。雖然O科長的工作就是決定M代理所不能決定的問題並負責，但他似乎對此極度抗拒。

營業部M代理的工作並不只是撰寫與裁決報告書，他也要親自拜訪客戶、管理客戶。然而，只要O科長不下決定，M代理就經常要等待或推遲行程。這嚴重妨礙了他與客戶開會和準備促銷活動，但M代理還是盡可能地處理。

如果O科長都是以這種方式對待他底下的所有代理，那或許還能忍耐一下，但就M代理看來，並非如此。O科長底下還有另一位和M代理同期進公司的代理，但他是年紀比M代理大兩歲的已婚男子。O科長唯獨特別寬待他，即使報告書上有細微的錯誤，O科長也會很快指出須修正的部分，然後馬上批准。不僅如此，這位代理較早結婚，和O科長的共同點是都有就讀小學的兒子，兩人經常有聊不完的育兒與家庭話題。公司聚餐的時候，每當他們為夫妻生活或育兒問題聊得起勁時，M代理就被冷落在一旁。只要M代理想和直屬主管O科長好好相處並想盡辦法加入對話時，O科長就會擺出第一次見面時的微妙表情，盯著他看卻一句話也不說，然後繼續和另一位代理聊天。M代理感覺自己像是在O科長與另一位代理間乞求關心而感到很丟臉，更不用說他之後就更難和O科長搭話了。

從以前就依稀有傳聞說O科長對年輕未婚男性員工很反感。O科長從學生時期開始就因為膽子小而不太受女生歡迎，再加上很早就結婚，沒有好好享受過青春，於是當時的鬱悶心情使他對年輕未婚男員工極度反感。親身接觸過O科長的M代理認為無論傳聞是真是假都很有可能發生，但那也只是他的一種感覺，他無法直接追問O科長。唯一可以肯定的是，O科長不喜歡扛責任，而且對M代理強烈反感。O科長持續以客觀上沒有被他人指責風險的差別待遇來仗勢凌人。

當上代理六個月後，M代理的評價不斷下降。M代理從兩方面感受到關於自己的負面評價。第一，來自上層主管的低評價與人事考核。M代理不知不覺中被排除於重要的業務或企劃之外。對M代理來說，去見重要客戶或出差的時間是絕對不夠的，因為O科長反覆審核報告書的同時，總是耽誤到約定的時間，久而久之，M代理出席活動或拜訪客戶就經常遲到。對業務人員來說，這是不該發生的事，合約或宣傳活動不可能不被影響。M代理被呼來喚去重複寫報告書的同時，重要的機會就原封不動地變成另一位代理的了。某天，M代理在走廊上遇到營業部部長，他說：

「某某某（M代理的本名），聽說最近營業部O科長因為你很辛苦？打起精神來好好做吧，配合一下主管的心情。」

M代理很委屈。他在自己能力所及範圍內用心處理報告書的格式與錯字，也努力和O科長親切搭話，但職位比自己高的對方莫名討厭自己，差別待遇且仗勢凌人，要怎麼迎合他的心情呢？他偶然有機會看到另一位代理提交的報告書，馬上發現除了格式問題之外，還有三個以上的錯字。不可置信的是，為錯字、行距賭上性命的O科長，一次就核准了這樣的報告書。然而在現實當中，被當作無能且不誠實的卻是M代理。

第二是公司內的人際關係壓力。M代理在一般職員及主任時期的人際關係非常好，因為外表好看與個性開朗，他很受女性員工歡迎，其他部門的後輩也經常跟著他。然而，最近他感覺到公司的人對待他的態度不同了。每當他走到O科長的位子送審報告書，周遭的職員們就會好幾次互相露出尷尬的微笑，或擺出因不自在而再也看不下去的態度。周圍人們的這類反應給M代理的自尊心帶來很大的傷害。

當然，他們也知道M代理受到O科長不合理的待遇，但很快就忘了這件事，因為這些都不是他們自己親身遭受到的不當行為，而且從不知情的人看來，這是細心的主管很有可能會對下屬做出的行為。在工作辛苦又有競爭文化的公司氛圍裡，周圍那些常常看到M代理被O科長找碴的人，比起同情，反而是因為好險不是自己感到放心，或甚至認為M代理其實是應得的，暗地裡無視他。

的景象。

隨著時間過去，M代理被O科長公然無視與羞辱變成那個部門裡理所當然的景象。對周圍的人而言，M代理距離升遷越來越遠、被主管罵，都是理所當然的，M代理成了可笑又可憐的人。就連接受M代理指導的後輩們，也對自己的負責人是M代理表示不滿。他們在背後說M代理的壞話，有時候甚至明目張膽地抱怨M代理分配的工作，造成其他人對M代理的低評價，形成惡性循環。

問題在於沒有解決方法。O科長沒有對M代理口出惡言或暴力相向，M代理和O科長甚至比一般的科長與代理之間更沒有話說，因為O科長乾脆不讓M代理參與對話。或許連O科長自己都沒意識到是他在討厭並折磨著M代理，反而會覺得自己是因為M代理的無能而受害。因為周圍的霸凌或無視所導致的精神痛苦，很容易會被第三人認為是個人能力不足所造成的，而非霸凌或折磨。

六個月期間用盡全力反覆撰寫報告書，並努力想得到O科長認同的M代理，已經筋疲力盡了。每當早上起床準備上班時他就會乾嘔，希望去公司的地鐵會停下來或脫軌，更嚴重的是，M代理接受了自己所受到的不合理評價與對待。與一開始不同，就如他下垂的肩膀所表達的：曾被稱為開朗、充滿自信與活潑的M代理已經不見了。人們很容易用他人眼中的自己來自我評價，持續收到低評價、O科長的妨礙與差別待遇，甚至被後輩瞧不起等處境，讓M代理開始認為一切都是自己的問題。

現在他害怕在公司和其他人說話，非常在意自己是否被其他人看不起，也不知不覺對工作失去興趣，變得只做最基本的事。反正報告書也弄不完，一定會被叫過去，一份報告書因為不合理的理由被退回五、六次已經是理所當然的事了。雖然任誰在M代理的位置上遇到這種事都會面臨和他相同的處境，但M代理認為這真的已經是自己的極限，並放棄了抵抗。現在M代理真的變成了O科長與周圍人們所評價的無能、不誠實、沒有競爭力的人了。

有毒關係分析：

以強烈的孤立性與主導者因素為基礎，伴隨協力者因素的有毒關係。

主導者軸總分	17
犧牲者軸總分	18
協力者軸總分	18
孤立性與持續性軸總分	15
暴力性軸總分	10

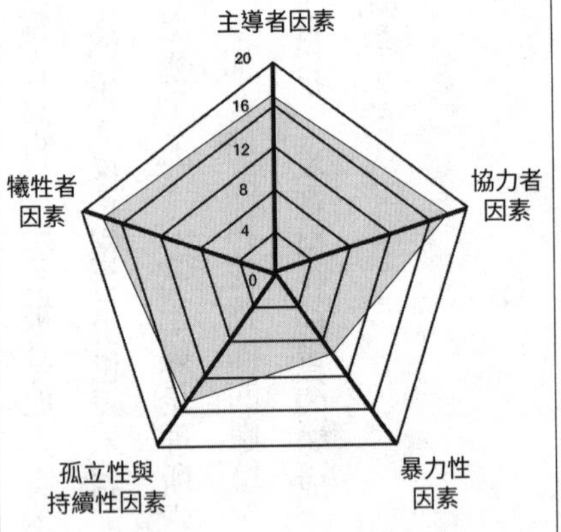

二〇一九年一月，一間公司的營業組長在工作時間跳樓身亡。據了解，他最後寫下的遺書裡，提及許多有關業績壓力與公司的內容。除此之外，二〇二〇年

三月，一間大公司的二十幾歲女性員工在暗示了職場內霸凌之後，結束了自己的生命。像這樣因公司的業績壓力或職場排擠而結束生命的事件越來越多。職場霸凌所導致的自殺，可能被認為是犧牲者比別人敏感或反應過度，因為職場和家庭或軍隊不同，只要想要的話隨時可以離職，關係的強制性看起來相對較小，但這是低估了有毒關係對犧牲者的影響。

如前面所談，一旦有毒關係固定下來，犧牲者便會產生兩個嚴重的變化。第一，犧牲者會出現負面的自我形象（self image）。也就是說，職場內有毒關係的主導者或協力者們刁難犧牲者，並為了使自己正當化而加諸於犧牲者的負面形象，連犧牲者都相信那就是自己真正的樣子。因此，有毒關係的犧牲者會誤以為自己就算換工作或辭職，也會受到和現在一樣的對待。

第二，對自己遇到的不當對待感到無力。就如馬汀・塞利格曼的實驗中可見，在箱子裡無關乎自己的意志而持續被電擊的狗，即使之後遇到可以憑意志躲避電擊的機會，也不會採取任何行動了。箱子裡的狗放棄抵抗，不去改變環境來保護自己，不停被電擊，最後痛苦地死去。案例中的有毒關係主導者O科長不會停止對M代理的電擊，而即使有機會可以停止有毒關係，M代理也不會主動行動。

因為上述兩個原因，犧牲者一旦習慣了職場內的有毒關係，就無法輕易辭職或換工作。習慣了自己所遭受到的不當對待與精神虐待，害怕不知道什麼時候會被電擊，就像無法辭職又害怕禮拜一即將到來，每個禮拜都很痛苦的M代理一樣，也像那些最後選擇結束自己生命的許多職場霸凌犧牲者一樣。

① 強迫性格的有毒關係主導者

近年來由於社會認知的改變，很少像以前一樣出現對下屬施暴、惡言相向或性騷擾等不成熟的公然欺凌，因為公然欺負他人的話，會受到社會的譴責。更重要的是，加害者也會為此感到羞恥與不光彩。但以不會被別人察覺的方式折磨他人，並以特有的思考方式抵消自己錯誤行為與罪惡感的有毒關係主導者們，正逐漸增加。O科長正是符合上述例子的有毒關係主導者，也是職場內欺凌的加害者。

是否如傳聞所說，O科長真的對年輕男性員工嚴重反感，所以才折磨M代理？這無從得知。然而，從O科長做為有毒關係主導者的行為就可以知道，他表現出許多強迫性人格特徵（obsessive compulsive personality trait）。有強迫性人格特徵的人，即使要犧牲靈活、開放、效率，也寧可執著於整理、完美、控制。他們嚴格服從權威與規則，當無法控制環境時就會發脾氣。

大致上，具有強迫性人格特徵的人認為雖然自己感到痛苦，也不會給別人帶來麻煩，今日很多人毫不猶豫自稱有「強迫症」也是這個原因。但從第三者的立場來看，這些看起來誠實謙虛的人，在職場上很容易成為下屬眼中近乎災難的主管。因為在他們表現出強迫性人格的基礎上，是對失敗的過度恐懼。他們即使犯了一點小失誤都會感到痛苦、過度害怕失敗，進而經常拖延開始一項工作，或是很難下重要的決定。

過度害怕失敗也會有把決定推給別人的傾向。O科長不提出真正重要的指示，或要人參考指南的模糊話語來迴避自己的責任，同時利用多次要求修改報告書還不斷延遲決定。這樣的傾向使得每件事都必須得到他指示的M代理，他的公司生活變得一團糟。O科長的心理問題只能推卸給M代理報告書寫不好，O科長就是透過這樣的方式朝外在迴避自己的心理問題。

O科長這樣的行為是為了維持「無失誤完美的我」，而欺騙自己的心理迴避戰術，所以他甚至沒意識到自己正在凌虐M代理。具有這種異常思考結構的人，會無意識地逃避釐清自己真正內心的機會。就O科長的立場而言，如果他把M代理視為一個個體，那麼他就會無意識地想起他在欺騙自己的事而感到不適，所以他避開與M代理私人接觸。

就O科長的立場，M代理必須只是個「無能且不誠實的人」，因為唯有如此，他才能將自己內心世界裡的不安推給特定的他人，使自己成為沒有汙點的人。但他也不會因此就把所有的下屬都當作是無能的，因為這麼做會讓他意識到自己的方式是錯誤和危險的。他的精神結構太脆弱，無法接受自己的缺點並成長。就結果而論，O科長的無意識自我欺騙是成功的。在O科長的內心世界裡，他是沒有缺點且完美的，只因為一位無能的下屬，就成為了受苦的主管。雖然O科長的內心因此變得舒適，但就M代理的立場而言，這演變成一場人格被破壞並引發嚴重憂鬱症的災難。

②主導者與協力者們對犧牲者的被動攻擊性

從M代理的立場來看，最糟糕的是，主導者與協力者們造成他心理壓迫的方式是帶有被動攻擊性的（passive aggression）。被動攻擊性是以表面上看不到的消極方式，表達敵意與攻擊性的傾向。乍看之下，被動攻擊的壓迫比暴力或惡言來得不具破壞性，但這樣的看法忽視了被動攻擊性為有毒關係帶來的持續性影響。

假如一個人遭受到強烈的暴力或惡言，那麼這會成為在這段關係中，加害者與犧牲者之間明確的議題。這確立了關係中加害者與犧牲者的角色、可以追究誰對誰錯，而且破壞力雖然大，卻容易讓媒體或組織外部知道，也容易尋求協助；簡單來說，持續性是小的。然而，像O科長這種只對一個人怠慢主管職責、故意拖延工作與拒絕溝通的行為，對遭受這些的人來說雖然痛苦，但無法指責什麼，也很難對第三人說明。結果而論，很難構成議題，也不容易調整或結束；換句話說，被動攻擊性行為的持續性是大的。

上述M代理的案例中，有毒關係協力者們的同部門其他同事，看起來也同樣表現出了被動攻擊性。隨著時間過去，每當M代理被為難時，M代理周遭的同事們就會擺出連M代理都能察覺到的嘲笑；掌管部門的部長不聽M代理的說明，只會數落他；M代理的後輩們也暗中以無視他的方式施壓。

M代理周遭的同事與下屬們變成了有毒關係的協力者，這也反映了公司的垂直與競爭文化。被動攻擊性行為的基礎是對團體的憤怒、想表達出這些憤怒的強烈誘惑，以及擔心表達憤怒時自己是否會陷入危機的恐懼。就如同被恐怖分子抓住的人質，會在情感上認同恐怖分子一樣，人類一旦暴露在自己可能遭受暴力的現場，就會強烈希望逃離威脅，進而有贊同施暴方的傾向。結果而論，第一，周遭的人因為對象不是自己而感到放心；第二，他們正當化加害者對犧牲者的不當待遇；最後，他們也成為經常施予不當待遇的加害者之一。

遭遇被動攻擊性行為，會受到精神上極大的痛苦。因為人類在克服痛苦時，雖然痛苦的大小很重要，但身為犧牲者能得到認同，也就是對自己的正當性懷有信心也很重要。因此，人類會為了維護名譽不惜審判或決鬥。但遭受被動攻擊暴力的人，雖然確定自己有受到傷害，加害者卻不清楚這件事。被動攻擊的加害者與協力者們不清楚自己行為的攻擊性，而且自我欺騙，別說是良心的譴責，他們甚至沒有意識到自己正在給別人製造痛苦。

自己以外的所有人都成了隱形人，在自己沒注意到的時候絆腳、罵人、背後捅刀，但在別人面前又像什麼事都沒發生般裝蒜。在這樣不信任的地獄裡，人類能維持正常精神狀態多久呢？M代理最後還是以最讓自己痛苦的方式去適應了，即自責與貶低自己。當適應了大家強加於自己身上負面與失敗的自我形象，自己也會開始覺得真的就是這樣，最後就接受了。儘管身為所有問題裡犧牲最多的，卻被指控是問題的起因，犧牲者於是放棄了抵抗那種痛苦。

殘忍的是，M代理獨自默默承受的痛苦，會帶給除了他以外的其他人很大的放心感。

M代理的有毒關係解決方法

①逃離關係與結束關係的差異

M代理結束有毒關係的方法意外地簡單，提交辭呈離職就可以了。O科長不會再追著不是自己下屬的M代理並折磨他，他也不需要在意同事們的嘲笑。但M代理往後的人生會變得怎麼樣呢？找到下一份工作的話當然很好，但即使進了下一間公司，還能以平常心工作嗎？

自尊心一旦受傷，就不容易復原。前一份工作深深烙印上的屈辱與無能為力，對於正值需要工作的年輕M代理而言，將成為永久的傷害。我看過無數有毒關係犧牲者因為無法癒合的傷，在往後的人生中也無法恢復希望與意志，因此我認為在這樣的情況下，只憑單純的離職是不夠的。我以精神健康醫學的專業去檢視M代理的所有想法後，認為他不會馬上自殺，或失去判斷力而做出其他衝動性決定。M代理還有時間，所以我對他說：

「雖然在某些關係中，『逃跑』和『結束』關係的結果看似相同，但在一個人的內心世界中卻會創造出完全不同的精神性遺物。我認為與其留下傷心又屈辱的記憶、像是被推開般逃離有毒關係，你要成為自己人生的主角，透過決定自己人生的方向，積極整理有毒關係，才是更有意義的。」

上班是為了自己的生計與幸福，但因為我們有太多時間在職場中度過，所以經常忘了這件事。若認為職場的生活方式等於一切的生活方式，就無法想像放棄工作的生活。如此一來，有毒關係最重要的成立條件「孤立性」就產生了。當你覺得無處可逃，或逃離後情況可能會更糟，所以也沒想到可以有其他選擇，就代表你正不折不扣地被職場困住。這就是為什麼很多人雖然可以選擇辭職，卻選擇自殺的原因。

即使M代理不離職，也有一個打破孤立性的方法，M代理擁有「選擇權」。M代理在沒有離開現在公司的狀態下，同時應徵了其他相似產業的企業。幸好M代理在當上代理之前的業績還不錯，面試也給人留下好印象。他應徵的公司比現在公司的名氣還低，年薪也較低，M代理最後雖然錄取了，但他選擇留在現在的公司，而不是轉職到新錄取的公司。

雖然M代理沒有離職，但錄取其他公司的經驗也為他帶來正向的改變。一直以來，M代理在包圍著自己的關係裡沒有任何選擇權。因為M代理在工作上需要的一切裁決都取決於O科長，所以他別無選擇。M代理所能做的只有盡力寫好報告書，期待O科長的妥善處理，宛如砧板上的魚，只能等待他人善變的刀工。

然而，M代理錄取了其他公司的公開招聘、意識到自己也有選擇權的同時，他就稍微可以採取積極的態度了。只要他願意，隨時有地方可以去；沒有其他方法，所以只能被困住，這兩者帶給當事人的感覺完全不同。因為人只要有選擇的餘地，以前沒辦法做的各種嘗試都變得可行了。M代理不是單方面被公司與主管們下達指示或命令，而是自己也能評價公司與主管。藉由認知到只要願意，自己也能有所選擇，他領悟到他也是關係裡擁有選擇權與主導權的重要當事者。

②拒絕擔任犧牲者的角色

當M代理一對自己的狀況感受到某種程度的掌控感，他的行為方式就開始產生某些變化。首先，他開始好奇眼下的處境，自己該如何行動。以前我也曾多次引導他採取與從前不同的應對方式，但他一點改變也沒有。他應對有毒關係的方式只有憤怒、貶低自己，或在診療室哀嘆遭遇而已。他的心就如同典型的有毒關係犧牲者，只朝向內在。然而，M代理現在和以前不同了。他開始脫離自己的內心世界，尋求外在環境的解決方法。從無力中復原，即是他開始擺脫絕望憂鬱狀態的重要徵兆。

為了脫離O科長主導的有毒關係，M代理必須停止繼續有毒關係犧牲者的行為。如前面所說，O科長下意識對M代理反感，藉由批評報告書中枝微末節的小地方以及拖延做決定，把自己的強迫性心理問題推給M代理。M代理現在決定不再扮演得不到感謝的殉道者，取而代之的是，M代理開始在O科長進行審核時做紀錄，記下他向O科長送審與報告的日期、時間與次數。不僅如此，每當要修改報告書，他也都會保留原先版本的檔案，詳細記錄哪裡被指正，以及修改了為什麼還得不到核准。

這工作量絕對不小，但神奇的是，這過程帶給M代理的是活力而不是壓力。套用M代理的話來說，他感受到的是「帶來活力的憤怒」。M代理以前當然也憎恨O科長，但以前的憎惡並沒有為他帶來打破現狀的活力，只讓他感到無能為力，責備什麼也做不了的自己，也就是「帶來無力的憤怒」。

然而，記錄自己的狀況、透過第三者的角度來看，M代理才意識到自己遭受到多麼荒唐的事。有錯的不是自己，而是O科長每次的拖延；事情不順利，也不是自己無能或不誠實的問題。M代理漸漸開始擺脫一切問題都怪自己的自責感與羞恥心，彷彿是因害怕而閉上眼的拳擊手，終於睜開眼睛看朝自己而來的拳頭一樣，現在他已經準備好躲開或對抗對方的拳頭，而不是蜷縮著。

③恢復內心的界線，為自己做選擇

現在M代理已經準備好脫離長期承受的有毒關係。他認知到自己擁有可以提出問題的正當權利，若不對勁，他也擁有隨時可以離開孤立空間的選擇權。他也準備好將被動攻擊施加於自己的暴力性，拉到所有人都能看見的明亮陽光下。

但即使如此，仍然有他跨越不過的牆，就是那道巨大恐怖氛圍的隱形牆。

忤逆父母的子女，無論是否合理正當，都會因擔心受到整體社會的指責而感到害怕。在嚴格區分上下關係的狹窄公司裡、在得不到直屬主管認同且連身邊同事都默默無視自己的氛圍裡，積極行動的M代理感覺自己就像是獨自與百萬大軍奮戰。M代理向我問道：

「我是不是平白無故把事情鬧大了？其實聽了醫師您的話之後，我覺得O科長也是有自己辛苦的地方，所以才會這樣。要是我破壞了公司氣氛，讓大家覺得我很奇怪怎麼辦？」

這是長期受到多數者精神性壓迫的人會出現的共同症狀。他們認為主導者的力量比實際的還要強大，而且除了自己以外的所有人都站在主導者那一邊。他們甚至像斯德哥爾摩症候群的患者一樣，表現出認同折磨自己的公司與主導者的傾向。但這樣的同理，並不是有著內心餘裕與自信的健康同理。他們因為長期受壓迫，內心的界線已經變得模糊。恐懼太大，以至於在必須戰鬥時，他們卻夢想著那些只存在於自己想像裡、絕不可能實現的人性化和解，即使這樣的和解與和平解決在現實中絕不可能發生。必須為守護內心世界而戰的時候，他們卻想躲在自己的內心世界裡。我對M代理說道：

「公司的目標是創造利潤，還是維持O科長的權威呢？再說，周遭那些人明明不能同理他人痛苦，怎麼可能只對O科長寬容？有毒關係的協力者是因為主導者而存在的，若打破了有毒關係，協力者就會消失。更重要的是，世界不會只讓他過得容易，就像你害怕他一樣，他也害怕你；就像你被世界傷害了一樣，他也受到了世界的傷害。如果你只要改變自己的內心，就能好好適應公司生活並度過愉快的人生，那維持現在這樣也不錯。但假如還是累到想離職，那麼現在就是你改變環境，而不是你內心的時候。是時候把自我反省放一邊，行動起來了。即使結果不理想也沒關係，就如同公司選擇你一樣，你也可以選擇公司。」

M代理最後利用上班族的匿名應用程式Blind以及公司的人事管理部門，檢舉了O科長對自己施加的不當行為，公司隨後並召開了人事委員會。當然，O科長的行為並沒有明確地觸犯職場內的禁止霸凌條例，但簡單的報告書被退件高達十次以上，原因是行距或文章格式，這種藉口任誰看來都很異常。就人資部看來，這也是明確違背公司利益的事。

出乎意料的是O科長的態度。和M代理單獨在一起時，O科長的行為就像他一點錯也沒有一樣，這種態度讓M代理感到沮喪，彷彿錯的是自己。但O科長在人事委員會的態度變得和平常不同，他對自己的行為一句話也沒說。有別於平常權威的模樣，他汗如雨下，什麼也無法辯解，只是在人事委員會上道歉。就M代理的立場而言，他無從得知O科長承認錯誤與道歉是真心，或只是在上級的權威下說出的違心之論。但有件事是肯定的，兩人單獨在一起時，他的行為也許理直氣壯，但在上級在內的所有人面前，就不是可以理直氣壯的合理行為了。

在那之後，O科長和M代理依舊以主管與下屬的關係在同一個部門裡工作，因為M代理決定繼續留在這間工作許久的公司。M代理一度擔心害怕O科長會以其他方式報復他，但沒有發生任何令人驚訝的事。O科長不再多次退回M代理的審核文件，而是一次就指出需要修改的地方並退回；O科長還是不太針對重要的方向提出指示，但現在M代理會在所有人面前清楚向O科長提問，O科長往往在「我也不太清楚」的回答後，還是不得不提出工作執行方向的建議。當然，在工作以外的時間他們依舊不會跟彼此聊天，然而M代理完全不在意。上班不是為了得到他人情感上的認同與良好的氣氛，而是為了自己的夢想與生存。只要O科長不為自己製造不合理的麻煩，M代理並不在意O科長如何看待他。

M代理如今是為了自己在工作，他的名譽也重新恢復了，業績也開始提升到擔任主任時期一樣的水準。重要的是，周遭的同事或後輩們不再隨意無視M代理，或毫無正當理由地頂撞他了。周遭的同事們重新開始親切對待M代理，要他請客的後輩們也重新出現，雖然對現在的M代理來說，他並不是很樂意。

M代理最近完全恢復了平常的活力，重新開始喜歡的運動，也不再覺得出門上班是去一趟地獄。最近來找我的M代理這樣說道：

「很奇怪對吧？以前我們部門有一種只套用在我身上的奇怪規則或氛圍，我的腦中一邊覺得這既不合理又奇怪，卻又不能不遵從那種氛圍。在那之中，我就是應該受到這樣不當且差勁對待的人，甚至連我自己都那麼認為。雖然沒有那樣的規定，但大家卻都那樣對待我，我似乎也在反覆扮演著大家期望的那種角色。那時候的我真的無從抵抗，但當我不再按照那個角色行動，規則就瞬間消失了。因為規則被打破了，現在大家的行為就像那樣的規則或氛圍從來不存在一樣，讓我感覺曾經那麼痛苦與猶豫不決的我，就像個笨蛋一樣。」

我回答：

「人類必須和其他人一起生活，因此我們某種程度上可以感受他人的情感，按照他人的期待來行動，讓自己的內心感到舒適。但有時候，有些人連對自己也隱藏起那些恐懼與軟弱，為了個人的舒適，利用氛圍、上下關係或組織文化等看不見的優勢來操控他人的內心。這樣的人到哪都有，他們讓犧牲者無法對自己的感情或權利抱有信心，使犧牲者無力抵抗。」

M代理是有毒關係的犧牲者。一旦形成有毒關係，在那關係裡，連察覺自己遭受到了不當與痛苦待遇都很難。我和M代理一起分析他的有毒關係，協助他克服有毒關係帶給他非現實層面的巨大恐懼以及對那恐懼的無力感。最終，M代理打破了包圍著他的有毒關係，重新成功找回自己的權利與力量。M代理就這樣成功脫離有毒關係，找回人生的主導權，成為有毒關係的倖存者。

Chapter 5

別讓不夠格的人進入你的心

—— 你不是他們說的那種人

憤怒——他們絕不會道歉

不要放任憤怒燒毀人生

京畿道某城市，一名就讀頂尖大學的二十幾歲青年因涉嫌殺害父母被警察逮捕。在警方後續的調查中，揭露了這個看似平凡中產階級家庭的駭人真相。父親經商失敗，母親夢想的上層階級生活因此破滅，兩個不成熟大人的挫折與憤怒，成為對二兒子超乎想像的虐待。辱罵或暴力是家常便飯，青年的一舉一動都受到瘋狂的侮辱與洩憤。失敗者、神經病，這些是這對父母平常會對青年說的話。變成有毒關係犧牲者的青年，某天豪飲父親珍貴的洋酒後，一手拿著槌子，走向父母的房間。光是用文字敘述就相當驚人的發狂時刻過去後，青年終於脫離了有毒關係。他燒光了自己未來可以擁有的一切可能性與幸福。

無法控制的憤怒，這是大部分有毒關係犧牲者到達的終點，也是倖存者們為了歌頌嶄新人生的必經之地。他們生自己的氣，對長時間徘徊於有毒關係而什麼也做不了的無力自我，以及被搞砸的人生感到憤怒。他們也生主導者的氣，對那些明明隨時可以停止施加可怕苦痛於他人，但卻絕不停止的非人性加害者們感到憤怒。最後，他們的憤怒朝向整個世界，像是失去自我般憎恨這假裝什麼也沒發生並繼續運轉的世界。憤怒的火焰以靈魂為木柴，燃燒吞噬全世界，將一切化為灰燼。

在第一章與第二章中提到的K的案例以及第四章的三個案例中，犧牲者們都沒有對折磨他們的有毒關係主導者們來場痛快的報仇。四個案例的主角沒有逼迫自己的主導者，要求他們道歉。這可能讓期待結局像小說《基督山恩仇記》一樣痛快的人感到失望，但擺脫了有毒關係，從犧牲者變成倖存者的他們，最後總是能把主導者們拋在腦後，朝自己的人生前進。

人生並不是經過幾次戲劇性事件後，就會出現片尾工作人員名單的電影。向折磨你一輩子的人吐露你的心聲，把他們逼到極限，看他們跪下、流下懺悔的眼淚和道歉，那一定很刺激。即使會燒掉自己的一切，也要和壓制者一起爆炸，長期承受痛苦的人都會有這樣的幻想（fantasy），但你的人生不能在那刺激的宣洩瞬間後就此結束，你必須繼續活下去。

你必須要擺脫有毒關係，但在這過程中，你和你的人生不能受傷到無法再次振作，更萬萬不可成為罪犯或是與社會斷絕聯繫。希望未來握住你的手的不是冰冷的手銬，而是愛人溫暖的手；希望你人生的最後一刻，不是獨自躺在冰冷的石頭地板上孤獨地死去，而是在溫暖的床上被愛人包圍，擁有令人滿足的最後一刻。因此，我要對所有因有毒關係感到憤怒的倖存者們說：

「不要放任憤怒燒毀你的人生。」

熔岩般在心底流淌的憤怒

憤怒的火焰有時候也像熔岩，在心裡的角落靜靜地燃燒流動著。這樣的憤怒雖然不會猛烈到一次就燒盡一切，但持續性很強，永不熄滅地在心底燃燒，你的所有想法與感情都會覆蓋著一層憤怒的顏色。這樣的人往往看起來很了解自己的內心，在精神健康醫學科醫生或心理師開口前，他們就已經很清楚自己的憤怒，例如它從何而來、對自己會有什麼影響。然而，他們的心只是停留在那裡，卻脫離不了那個地方。

治療者總是會遇到強烈的反抗。因為他們就像緊緊抓著、不願放下手中珍貴東西的孩子，緊握著自己的憤怒，即使知道那正在灼燒自己的手掌。最後，有毒關係的犧牲者，往往會因此錯過了剩餘人生中獲得愉悅與幸福的機會。

「假如我的童年能遇到稍微好一點的父母，應該就不用過這樣的日子了。」

「第一份工作要不是O科長那傢伙，我應該已經在更好的地方工作了吧。」

「我的人生被先生與婆婆的惡言與暴力毀了，現在看不見任何希望。」

長久的憤怒成了自己不去改變的理由，而不是去改變的理由，有時候還會像冷卻後變成石頭的熔岩，永遠留在人的身體與心裡。這就是韓國人所說的恨的情感，他們控訴內科無法解釋他們的病症或身體異常，輾轉在醫院與醫院間尋找病症的來源，但醫生卻始終找不出原因。要是試圖請他們嘗試探索精神性原因，他們就會發脾氣、堅持拒絕，後半輩子就以這樣的方式間接發洩怒氣。若仔細觀察他們的內心便可以發現，他們一直有著無法隨時發洩出來的憤怒，以及對於被憤怒毀掉的人生感到後悔。即使有毒關係結束了，他們仍舊是犧牲者。

有時候，在人生最辛苦的時刻，那熔岩般的火焰也會脫離他們的控制流到內心之外，開始燃燒那些與帶來痛苦的人完全無關的人，尤其是比自己弱小、應該要疼愛與保護的人。因為被偷走人生的他們，無法忍受剩餘人生的空白，便會試圖把別人丟進那熔爐般的空間內填補。但不管他們放了什麼進去那猛烈燃燒著的人生空白裡，都會被燒盡而永遠無法滿足。

憤怒的悖論

就像這樣，有毒關係帶來的憤怒吞噬了你的未來。無法控制憤怒使你的人生變成雖然活著卻又活不下去的狀態。古今中外，無數的賢人與科學家們談論著平息怒火的方法，從冥想到精神分析治療，有各式各樣的方法論。但我想在這裡試著探討憤怒悖論性的功能。

首先，讓我們試想一下有毒關係把犧牲者的內在世界變成這種狀態的過程。主導者是用什麼方式改變了犧牲者呢？首先，主導者孤立自己；而後，在絕不表露出自己內心真實意圖的狀態下，強行向犧牲者投射自己的行為與話語；接著，犧牲者困在主導者生成的環境裡，不斷被迫接受主導者的情感，產生了自己是犧牲者的精神狀態，變得不再反抗；最終，犧牲者應該得到道歉，卻自己產生了歉意、愧疚感與羞恥心。而若是持續孤立，且協力者多的話，這過程更會加速。

也就是外部世界的環境與行為改變了內在世界。我們的心是不斷在接收外在世界的反饋，並據此改變自己的。若持續接觸不好的心理與環境，影響就會完完整整上傳到精神層面，即前面談過的穩態應變。因此，為了從有毒關係中保護自己的心，就必須斷絕周邊環境的影響。在未解決環境所帶來惡性影響的情況下治療心理，就像放任感染，只想透過提高身體免疫力來治療的內科醫生一樣，是錯誤的。為了快速治療，必須先阻斷感染，並遏止已被感染的部位產生惡性影響，繼續影響治療過程。

另一方面，要擺脫有毒關係，適度表達憤怒是最有利的武器。如同我們身體的免疫系統會防禦外部細菌或病毒入侵，憤怒是首要防禦系統，用來防禦外部而來的不良心理影響。如大腦神經學者雅克．潘克賽普（Jaak Panksepp）所主張，從進化論的層面來看，憤怒是可以立刻應對外部威脅的一種系統化自動反應。因此，主導者在有毒關係形成的過程中，無論有意識或無意識，都會抑制犧牲者表達憤怒。有些主導者毫不留情地使用暴力，讓恐懼壓制憤怒；有些主導者則是借用孝道、師生或大人與小孩等社會的傳統與教條關係，去阻止犧牲者表達憤怒。然而，憤怒是構成人類的重要核心要素，因此憤怒本身無法消除，只會讓犧牲者失去憤怒的調節能力。無法被控制的憤怒，會把犧牲者逼向極度壓抑與爆發的兩種極端狀態。

因此，對於書中案例的主角們，我沒有使用要他們轉換想法或感情來改變行為的方法。因為憤怒並不是在診療室裡學習調節的方法就能被控制住的，只要人活著，憤怒就不會消失。取而代之的是，我專注於分析他們環境裡的有毒因素，讓他們可以擺脫那樣的環境，並盡量減少環境帶給他們的影響。除此之外，我要他們在適當的範圍內，盡可能以符合社會性的方法表達憤怒。結果而論，一脫離有毒關係的環境，他們的行動自然而然地就改變了，他們的內心世界也隨之恢復正常。在這過程中，適度表達憤怒在解決問題上扮演了核心角色。

擁有控制憤怒的力量與克服對憤怒的恐懼

現在是找回控制憤怒的力量的時候了。即使憤怒猛烈得可以把周遭的一切化為灰燼，你也不能藏在自己的心裡，暗自把自己變成巨大的熔岩。你應該是要把憤怒的一部分放在心裡，去帶動內心的改變，並把另一部分向外表露，與別人保持距離，讓他們無法隨意操控你的心。一直以來無法好好表達憤怒的人，是因為以下兩個原因讓他們害怕表達憤怒：

第一，他們不知道應該何時、以什麼程度來表達憤怒。人類是社會性動物，就如同足球比賽中不踢球，卻踢其他球員的選手會被判出局一樣，嚴重脫離社會共同規則的人會被驅逐。人類有傾向團體生活的特性，被驅逐的人可能面臨死亡或是更糟的狀況。因此我們在表達憤怒時常常猶豫不決。

那麼什麼時候、什麼程度的憤怒表達，是就社會層面上來說適當的呢？學習如何表達憤怒，就像游泳時學習腳要踢多少下水一樣，是模糊且難以用言語說明的。但我在前面有提過什麼時候是表達憤怒的絕對時機，也就是憤怒的當下。這是為了讓惹你生氣的對方知道你生氣了，使他再也無法侵犯你，進而奪走你情感的控制權。同時，為了保護自己，你可以藉由使用自己的憤怒來獲得控制的力量，以免當下什麼都不做的自己，在遙遠的未來會感到羞恥與無力。

如果表達憤怒的時機已定，那麼剩下的就是調節憤怒的程度。表達自身情感的同時，可以透過感受憤怒以及表達的經驗本身，來學習社會認可的憤怒程度。最好先從盡可能低的程度開始，一開始不需要擔心程度不夠。前面曾談到，我們的心會受外在世界的反應影響而改變，所以看到你表達出憤怒的人，他們的反應會反饋到你的內心世界。對方的反應不足，你的心就會提高表達憤怒的程度；對方的反應充分或過度，你的心也會本能地降低表達的程度。因為你的心已經被設計成在那樣的狀態下，會自行判斷最佳的行動。

第二個原因是在有毒關係的狀態下，有些人對自己的情感本身感到恐懼，他們擔心且害怕自己若是過度表達憤怒，會對他人造成傷害或讓關係斷絕。他們對湧上的情感感到不自在，因為在有毒關係中，他們被訓練成會對擁有不同於主導者意圖的情感感到愧疚。因此，犧牲者會害怕表達憤怒。

有一點必須要了解，比起自己的話語及行為的結果，有毒關係的主導者總是更強調意圖。因此主導者認為，若是犧牲者反對他們的行為，就等同於犧牲者在反對他們良好的意圖，所以主導者會操控犧牲者，讓犧牲者感覺對主導者的行為表達憤怒是錯誤的事，或會挑起爭執。然而，這在真實且健康的關係中恰好相反。比起意圖，對於親口說出的話和親手做出的行為的結果，行為者才是應該要負起責任的那個人。

那麼我們應該如何對表達憤怒後，所造成他人不必要的痛苦負起責任？很簡單，道歉，然後不再對那個人表達憤怒即可。不習慣表達憤怒的人，腦中經常會出現一些極端的畫面，例如想像若是自己說的話傷害到對方，就沒有第二次機會恢復與那個人的關係，自己將變成永遠的罪人。但那是非現實的想像，因為我們的生活中不可能不侵犯到他人的界線。因為擔心而說出口，卻傷了對方的自尊心；因為愛而行動，卻傷害了對方；因為體貼而做出舉動，卻給對方造成損失。只要不完全終止與他人的關係，我們就會不斷侵犯彼此的界線，因為人類原本就都是不同的個體。

在非有毒關係的健康關係中，對方與自己的差異是被認可的。因為不管自己再怎麼努力，也不可能完全配合對方，而對方再怎麼努力，也一定仍有無法配合自己的地方。就像不成對的鑰匙和鎖，自然而然認可了兩者之間勢必會有空隙與衝突。而在健康的關係中，道歉與原諒會填補那些空隙與衝突，正因為如此，相異的兩個人才能在不傷害彼此的同時形成關係。

假如你猶豫於要不要表達被對方行為激發的怒火，務必要時時刻刻記住，人與人的關係之間存在著道歉與原諒這些緩衝物。如果你和對方的關係是健康的，你有義務要向對方道歉；而當你道歉，也有權利得到對方的原諒。同樣地，你有權利得到對方的道歉，也有義務原諒對方。這是忠於必須守護自己的心的義務，同時也是與對方建立連結時的不成文前提條件。因此，當有人的行為惹怒了你，在那股情緒湧上的當下，請以你所知最符合社會性且適切的方式表達憤怒吧。

「等一下，你剛剛的話是什麼意思？」

或是，「你對我做的那些行為，在別人面前能做得出來嗎？」這樣就足夠了。不需要擔心關係會就此結束。倘若你和對方的關係並不是有毒關係，那麼你們的關係會是越表達越舒適和恰如其分；相反地，若對方不認同你的憤怒，你就應該馬上離開那段關係，因為它很有可能變成有毒關係。

如前面所說，處理憤怒就好比學游泳。雖然第一次下水會覺得彆扭害怕，但如果你不斷觀察自己的狀態，並對水的阻力做出反應，你的身體自然而然會找到最佳的動作與姿勢。因為必須應對各種社會環境與對象，我們的身心被設計成能通過經驗獲得的反饋來進行改變，而和有毒關係不同的是，你才是改變的主導者，所以這改變完全是為了你自己。

因此，請表達出你的憤怒吧，並且盡可能早一點。你必須要熟悉進入憤怒中調節溫度的方法，這沒有透過經驗是學不來的。沒有下水就永遠學不會游泳，調節憤怒也是如此。此外，當你感到自己表達憤怒的方式並不妥當，請毫不猶豫地道歉吧。對不合理的事感到憤怒，不代表你是社會邊緣人，也不代表你比較奇特。拒絕、憤怒與道歉是自然且健康的過程，沒有這些行為或這些行為被剝奪的一方，反而才是真的病了。

別擔心，生氣也好，道歉也好，你的世界都不會因此結束。

留戀——但你改變不了他們

有毒關係所遺留的留戀

無論以什麼方式結束，有毒關係都會在一個人的人生中留下深深的痕跡。就如身上有傷疤的人，每次換衣服時都會在意那些疤痕一樣，我們當然會花很多時間回想過去的有毒關係，尤其經常在人生的每個重要轉折點上，回想起過去的有毒關係。因父子有毒關係受傷的兒子，在自己的小孩出生的那一刻，一定會想起父親；因母女有毒關係斷絕聯絡的女兒，在自己的女兒結婚的那一刻，無論意義上是好是壞，總是會想起自己與母親的關係。

擺脫有毒關係的倖存者們，對於已過去的有毒關係懷著深深的留戀。在這之中，雖然有對「無法活出自己的人生，成了他人精神工具」的過去感到留戀，也有想著「當時如果我再忍耐一下、再努力一點，關係是不是會有所不同？」這樣混雜著自責與後悔的留戀。因為留下了很大的傷痛與空缺，所以他們會渴望時間倒轉以重新挽回關係。

對於與父母關係變得疏遠的人來說，全家人團聚的佳節就是一段痛苦的時光。隨著佳節將至，他們會突然憂鬱起來，看著別人返鄉的輕快步伐，雖然感覺自己好像沒有盡到做人的本分，卻也很難忍受有毒關係的問題，下定決心去見父母。最後，對別人來說愉悅、令人期待的時光，對他們而言則是痛苦。

在這樣的內心衝突持續之下，有些人會突然出現渴望和有毒關係主導者重新建立關係的想法。擺脫父親的虐待後，重新找回自己人生的兒子，會鼓起勇氣去見父親。每次和男友約會都被暴力相待，最後結束關係的女子，會因為深夜收到看似真心的簡訊，而有了再次和男友約會的想法。但因為留戀而重新開始的關係，比起從未開始的關係，在很多時候往往會釀成更悲慘的結果。

每年韓國佳節全家團聚的場合，經常發生殺人、傷害、縱火等駭人事件。受到先生暴力離婚又復婚的夫婦，再次迎來悲劇結局的情況更是常見。重新找回某些自信的倖存者，雖然想藉由重新開始與主導者的關係來克服，但倖存者的傷口常常以最糟的狀態被再現，於是留下了更可怕的記憶。

儘管如此，留戀依然是一種強烈的情感。留戀使得有毒關係的犧牲者感覺自己是不道德且冷酷無情的人，這種感覺把擺脫有毒關係的倖存者再次拉回到有毒關係之中，過去克服長期傷痛及千辛萬苦找回的人生，又會再次被黑暗填滿。那麼，我們應該如何處理對已經過去的有毒關係的留戀呢？我們必須分析主導者是什麼樣的人。

什麼樣的人會成為有毒關係的主導者？

本書出現四位有毒關係的主導者：在第一、二章介紹的K的父親，第四章介紹的P的婆婆、L的男友，以及M代理的直屬主管O科長。如果是破壞一個人的人格並奪走其人生主導權的有毒關係主導者，我們很容易會以為他們有嚴重的社會病態，或至少某種程度的精神疾病。然而，根據我治療過的經驗，那些和我有關聯或是親自見過面的有毒關係主導者，都與精神疾病患者或社會病態相去甚遠。K的父親是受尊敬的地方名人，P的婆婆是為自己的兒子們盡心盡力的母親，L的男友擔任大學社團的社長時很受大家信任，而獲得主管們高度評價的O

科長更不用說了。他們卻獨獨成了某些人的惡魔。

我在精神健康醫學科實習的時候，曾和我的老師朴泰源教授一起針對集體霸凌中加害者與犧牲者的精神病理學進行大規模研究。在這項以共計三千五百五十位小學生與國中生為對象的研究中，集體霸凌的犧牲者往往顯示出較低的社會適應力與嚴重的憂鬱焦慮感，這是可輕易預想到的結果。然而，集體霸凌的加害者的特性卻使我震驚。他們的不良行為與暴力性程度是高的，到這裡為止還可理解，但他們在創造社會團結的能力上卻高於犧牲者，且社會退縮或憂鬱焦慮等病理狀況和一般人沒太大差異。這與在韓國國內發表的其他研究結果一致。

上述研究結果所傳達的訊息非常清楚：有毒關係的主導者並非是有嚴重精神疾病或社會病態的人。他們大部分是非常有邏輯且理性的人，只有當自己出現主導者的行為卻依然安然無事的時候，才會化身成主導者。證據就是，他們不會隨意對任何人表露出攻擊性。他們不會傷害與自己平起平坐或地位較高的人，只對處於自己控制之下的人具有攻擊性，代表性的如家人、下屬、學生等。對這之外的其他人而言，他們就是非常普通的一群人。

那是什麼使他們成為有毒關係的主導者呢？我在人類個人的共同特定因素

與特定環境的組合中，找到了有毒關係的起因。其實從很久以前開始，研究者就不斷嘗試從人類內在與環境的組合中，找尋人類做出特定行為的原因。特別是被稱為認知神經科學之父的大腦科學家葛詹尼加（Michael S. Gazzaniga），他建議不要單憑一個人的大腦作用，去理解人類精神的運作方式，因為人類的大腦已經進化成能使用相當大的空間來進行和他人的相互作用。如他所說，我們的精神活動並不是單方面行動的，而是受到身邊人與周遭社會環境很大的影響。

首先，使主導者把犧牲者當作祭品開啟有毒關係，最大因素就是主導者的內心問題解決失敗。主導者們在人生中經歷的各種內心傷痛，如成就的挫折、對失敗的恐懼、和身邊的人親近所帶來的痛苦、對年紀增長的無力感與焦慮等，他們無法成功靠自己的力量克服這些，也無法接受與承認自己人生有這樣的原因與結果。他們的問題不足以靠自己的能力克服，於是就只能撐著，導致精神承受不住。這樣的人很容易利用外在因素來安撫自己的內心，有些人迷上了酒精或藥物，有些人則是自殘。然後，這些有毒關係主導者們找上特定對象，以找尋能簡易又快速投射自己問題的方法。

但也不是所有無法解決內心問題的人，都會形成並開啟有毒關係。重要的是，必須處於「可以形成」有毒關係的環境，才能開啟有毒關係。即使是擁有相同人格或精神病理的人，根據是否具備這樣的環境，可能會成為主導者，也可能不會。

所謂可以形成有毒關係的環境，就是「持續孤立性狀態」，但這只說明了環境的表面。主導者與犧牲者的關係越是停留在家庭、軍隊或研究室等狹小的世界裡，周遭扮演對問題保持沉默或贊同的協力者角色的人就會越多，而且關係持續越久，就越容易產生有毒關係，且無法改善。除此之外，主導者往往把在孤立世界裡最脆弱、最無法抵抗自己的人當作對象。換句話說，有毒關係的主導者只會在「可以扮演主導者角色」時，以及「就算扮演主導者，也不會換來任何報復或代價」時，才會成為有毒關係的主導者。

一開始只是一次性的暴力與強迫，而犧牲者因為不想產生衝突，或是同理、同情主導者，而導致無法抵抗。主導者在虐待犧牲者的同時，會體會到那種瞬間解決自己內心衝突的感覺。自己內心的衝突暫時被解決的那刻就像毒品般強烈，他們灰色的人生瞬間轉為彩色，體會到成功解決自己內心問題時的滿足感。但透過這種方式獲得的內在滿足非常短暫，所以他們會希望藉由持續虐待犧牲者，來維持自己的滿足感。

就像有酒精依賴症的患者們遇到這類問題時會喝酒，而不是專注於問題上一樣，與其探究自己的問題並加以解決，主導者漸漸更沉浸於虐待犧牲者。但因為他們同時還是正常且可以現實思考的人，所以會想填補自己的行為與現實認知之間的差距。

有毒關係主導者企圖用各種方法解決這種使自己感到不自在的差距，而最常使用的方法，第一，是利用傳統或信仰等無法被討論的教條；第二，是貶低犧牲者，相信他們本來就應該受到這種對待。主導者像是犯下恐怖虐待後還想辯解一樣，說詞可以是為了守護傳統價值，或是想要照顧犧牲者等，雖然從第三者的角度看來淨是些荒唐至極的理由，但他們是真心這麼相信的。同時，他們想不付出任何代價，繼續維持扮演有毒關係主導者角色時的孤立位置。擁有脆弱內心的主導者，加上讓主導者可以成為主導者的環境，在這些因素下，悲劇的關係就誕生了。這就是本書想談有關有毒關係的本質。

他們絕不會道歉

「好，就算你說的都對，但那件事你要說到什麼時候？」

有毒關係的主導者們對犧牲者並沒有罪惡感。實際上，身為有毒關係主導者的父母，經常以監護人身分來到診療室。他們雖然對身為第三人的我表現出恭敬與尊重的態度，但絕不會承認自己正在對犧牲者做出相當殘酷的行為，堅決拒絕改變對犧牲者的任何態度或關係。

因此，有毒關係的主導者們不會向犧牲者道歉或請求原諒。因為對他們而言，有毒關係就像是自我防衛的盔甲，而脫掉盔甲會令他們痛苦。與犧牲者的關係若產生變化，他們會感覺自己理所當然的權力被剝奪。唯有當他們的行為被公諸於世並受到指責時，他們才會請求原諒。甚至在這樣的情況下，他們也寧可向指責自己的大多數人道歉，而不會向犧牲者道歉。

但在犧牲者或擺脫了犧牲者的倖存者的立場上，事情就不一樣了。他們一直以來都活在痛苦的關係之下，無論如何都會想整理和分析自己的痛苦，希望最終得到認同。無法接受的傷痛經驗會使人長期感到痛苦，也使人生的愉悅都褪色，因此受傷的人無論要用什麼方式，都會想接近自己傷口的根源，然後解決並接受它。但接觸主導者這個方式別說是解決了，反而會增加犧牲者的痛苦。

因留戀而再次去尋求主導者的倖存者們，一定會在兩個方面上受傷。第一，即使有毒關係已經結束，主導者們也不會自我反省且毫無悔意。他們對離開自己的犧牲者感到憤怒甚至詛咒他們，不過也很快就忘了。結束一段關係後，回顧並領悟到對方與自己在那段關係中的角色，進而使內心有所成長，這種事是絕不會發生在主導者身上的。

一個人若想要全面性地看待關係，即使已經過了段時間，也必須試著去理解過去拒絕接受的憤怒、恐懼、憂鬱與不安。但主導者非常習慣從他人身上尋找自己的問題，因此不願揭發自己的內心問題，甚至不願揭發自己過去對他人所作所為引起的精神困境。他們的內心完全是為自己行動的。

他們甚至在犧牲者離開後看似過得很好，看起來和身邊的其他人保持著圓滿的關係，也很享受人生。他們這樣的態度，使得鼓起勇氣再次回去尋找家人的有毒關係犧牲者掉入深淵。自己因為那段關係受傷而難以忘懷與苦惱，但對方卻像忘了那件事般過得很好，沒有比這更令人絕望的事了，犧牲者因為有毒關係而受苦的漫長時間彷彿變得毫無意義。因此再次和主導者見面時，犧牲者的絕望與憤怒往往也會爆發。這就是佳節時常常發生駭人事件的原因。

第二，即使有毒關係已經結束，只要有機會，主導者也隨時都在想要重新開始過去的有毒關係。犧牲者為了改善與主導者之間的關係而努力著，但在主導者看來卻是投降的宣言。他們會氣勢洶洶地要求前犧牲者繼續和以前一樣的不公平關係，若意識到前犧牲者無法維持自己想要的關係，就會暴怒並指責他們。因此草率地接觸主導者，對犧牲者而言並不能從傷痛中復原，只是重複受傷而已。

第一個案例中的K，他曾經鼓起勇氣去見他的父親——以前有毒關係的主導者。我一直在他身邊看著，他下定決心去見父親想恢復關係，這之間經歷了無數的內心衝突。而鼓起勇氣去見了父親後發生的悲慘結果，卻讓我無話可說。

即使經過了好幾年，他的父親還是沒有改變，依然想控制K的一切。K的父親表明他不在乎K現在在哪裡做什麼工作，若不搬家並換工作到父母家附近，以後不會承認K是他的兒子。你的人生等你死後再去找吧。換句話說，這無異於是強迫自己的兒子把所有人生用在自己的身上。就像他平常總是掛在嘴邊的：人不是為了幸福而活，而是為了對父母盡本分而活。當然，K斷然地拒絕他了，但在那之後，他度過了一段精神上很痛苦的時間。主導者絕不會改變與道歉。

你無法改變他們，但你可以不再受同樣的傷

每個人都有想要被認同、想要被愛的欲望；每個人都想確認自己是應該受到身邊的人愛戴，或是想成為身邊的人希望的那種人。那對象和自己越近，欲望就越強烈、越難拋開。放棄這種欲望會是傷心且困難的過程，但雖然傷心也必須接受世上存在著無法如此的關係，而且並不是因為你的努力不夠。

在我的診療室裡，有些人比起治療自己的傷口，反而更執著於分析與反覆回想給他們帶來傷痛的主導者，浪費寶貴的時間。反覆回想與分析怎麼樣也影響不了的關係，與其說這是治療，反而是重複傷痛或自殘。無論再怎麼樣自我反省與審視自己也無法解決問題，因為問題不在你的內心，往你的內在尋找問題的原因是沒有意義的。

重要的是，全面性地了解你已經受傷，而且對傷口無能為力的情況。就如同繪製地圖的人不會在路上畫地圖，而是從高處俯視來繪製一樣，必須把主導者

的精神性匱乏、犧牲者對主導者的同理與同情，以及使之惡化的協力者與封閉環境，結合了這三者的關係視為一體，進一步去了解它。那麼，藉由全面性地理解你的痛苦，你會得到什麼呢？

那就是你會擁有自己人生的控制力。你害怕得直發抖，因為開啟與關閉痛苦的開關在別人，而不是你身上；你的焦慮永不停止，因為受苦的時間點並不是合理且可預測的，而是他人精神不穩定時無法預測的善變。你只能無力癱坐，在自己應該是主角的舞臺上，你卻讓出了主角的位置，扮演起配角或道具的角色。

但得到了控制力的你，不必為了努力讓傷害你的父母、前輩或公司主管洗心革面卻失敗而感到絕望，也不必浪費時間向他們報仇。相反地，你不用再像沙包一樣，無力地勉強停留在這段關係裡，承受暴力與侮辱。透過了解關係的整體結構，你可以調整你在這關係中的位置，決定自己應該要縮小關係，還是應該要遠離或離開。假如你因孤立性而無法好好地調整與主導者的關係，可以透過讓警察或是主導者的上位者知道，或是乾脆離開這段關係等方法，來打破孤立性。如此一來，即使你不撕開傷口或是重複去做那些會受傷的事，也可以完美地解決，並擁有自己的人生。

對於那些控制不了自己的問題、隨心所欲把你當工具使用的人，只要讓他們去解決自己的問題就好了，這樣他們即使不犧牲你也能解決。假如他們做不到，你也不需要太同情或感到遺憾。如德國精神科醫師波爾斯（Fritz Perls）所言：「你不是為了滿足他人而活，他人也不是為了滿足你而活。雖然要是你和他們的心靈能夠碰巧一致就再好不過，但即使做不到也沒辦法。」

最後，不要執著於分析、解釋與接受他們的行為，你應該要活出自己的人生。現在起，別再讓他們的問題變成你的問題。你必須自己設定你與他人的距離，而對於可能受到的傷，你至少應該要擁有主導權。你要掌握和他們之間的關係，而不是他們的心。假如那段關係對你而言具有相當大的痛苦與毒性，那麼你可以自行退出關係。透過這個過程，把有毒關係變成在你身上無法形成任何毒性的關係。K離開了自己的父親，P拒絕扮演得不到回報的善良媳婦，L不再屈服於男友的自殺威脅，M代理甘願承受指責，曝光O科長在陰暗處對他的折磨。不是要解決有毒關係主導者的問題，而是要讓自己能擺脫有毒關係。

從關係中逃跑也沒關係，不對，那根本不是逃跑，因為你沒做錯什麼。不用試圖讓不認同你也有心的人洗心革面，也不用試圖讓他們認同你的痛苦。因為你是否值得擁有幸福，不需要他人的認同，那是從你誕生那刻起就被賦予的權利。與其用盡力氣在不可能的事上而使自己無力，你應該做你現在可以做到的事。

不是要你原諒，反正那些也不是能被原諒的事，但你不能停下腳步，一直回頭看著他們。他們承受不起傷口與衝突，所以癱坐在原地發洩憤怒與憎恨，你必須將這樣的他們拋在腦後，然後往前走。他們和你的路已經分開了。

請帶著愛並用盡全力，回歸你應該活下去的人生以及愛人的身邊。

孤立感——對抗踐踏犧牲者的偏見及傲慢的忠告

傷痛的存在不被認同

有毒關係的犧牲者們是孤獨的。他們認為世界上沒有人和自己有相同的處境，因而感到孤獨。他們在有毒關係的煎熬下斷絕與家人的聯繫，或向上層報告受到主管不當對待等，這些與他人不同的選擇，所以背負了很重的心理壓力走在這條路上。這種壓力也像大家都走在廣闊明朗的道路上，卻只有自己獨自走在狹窄陰暗的小徑，那種孤獨與不安。

倘若你是有毒關係的犧牲者，應該覺得很難與別人分享自己的痛苦吧。尤其如果是在有毒關係中占很大比例的家庭有毒關係，那就更加不容易。人們無法理解你的問題，有時候犧牲者想跟別人說說自己的問題，好不容易說出口了，卻馬上撞上不理解的牆。

「他們也是人呀，你難道就是完美的人嗎？」
「唉唷，現在這世上哪有這種家庭，大概是你誤會了吧。」
「就算如此，怎麼能因為這樣的事就跟家人斷絕關係呢？」

人與人之間勢必存在著只有身處在關係之中才能感受到的精神動態，但有些人只因為自己沒經歷過，就斷定這些戴著社會規則或傳統面具的暴力行為，是「不可能的事」或「有所誤會」。這樣的人明明每天看到有毒關係的殘忍後果出現在新聞裡，都會感到驚訝或憤怒，卻沒發現自己身邊就有類似的案例，或覺得這只是場誤會。

人的想像力與感受力是有限的，很難從自己的角度想像無法體驗的事物。雖然父母一詞的意思只有一個，但並不是所有父母都是一樣的。每個人各自擁有不同的父母，所以所有關係在本質上也都是不同的。即使是同一對父母的小孩，交流方式也因家庭而異。明明也有其中一方的精神太過扭曲，相處時讓另一方崩潰的關係存在，但人們卻仍然只相信自己經歷過的情感與關係才是真的，甚至很容易認為犧牲者的誤會或人格扭曲才是問題所在。廣義來說，他們就是有毒關係的協力者，因為這等同於是在對犧牲者說：

「你的傷口其實並不存在，即使存在，你用那種方式去感受也是不對的。」

這無異於是在對生病命危的他們說：「我沒有接收到你的痛苦，而且其實你的痛苦根本不存在。不是我感受不到你的痛苦，而是你搞錯了。」對心裡受了傷、人生的時鐘就此停擺的他們而言，最糟的行為就是說那傷口其實根本不存在。因為假如他們說的是真的，有毒關係的犧牲者就只能責備自己了。

傷痛無法被慎重對待

一位長期遭受公司主管性侵與性騷擾的年輕女性，鼓起了勇氣讓大眾知道自己所受的傷，但大家的反應卻是在她的傷口上撒鹽。從「是為了錢的狐狸精吧」開始，甚至留下「其實妳也很享受吧」等惡意留言。但這些都沒關係，因為她很清楚這些話都太過扭曲，所以不必當真，是說這些話的人的錯。然而，真正讓她受傷的是以下這段假裝真誠又很會觀察的回應：

「為什麼妳會笨到遇到這種事？如果那麼難受，當下不是應該馬上就說嗎？」

「一直遭遇到這種問題是因為妳的認同欲望，其實無形之中妳也需要這種關係。」

「之前一直處在這種關係中也是妳的選擇，不是嗎？」

乍看之下似乎是客觀且明智的話，但他們說的話其實一點也不公正平等。對她而言，這根本是不可抗拒的關係。是因為想尊重與理解對方的立場，不想破壞氣氛；是因為認為自己是少數，得不到多數的理解才開始的關係。因為相信遵守社會默認的階級秩序是正確的，因為相信即使長輩越了線也要忍耐才是本分和禮貌，或是因為害怕揭露自己所受的傷後會被指責，於是她忍受著這一切。這絕對不是件容易的事，她必須度過長時間的痛苦與孤獨。在這樣的關係中，她其實毫無選擇。

令人驚訝的是，部分精神健康醫學科醫生或心理學者等心理治療者，也對一個人的有毒關係採取這樣的態度。他們盲目地延伸精神分析萌芽期的部分理論，並套用到所有案例上，把所有發生於人類關係中的事件，都視為患者無意識的表現。在不認同對方有自己絕對碰觸不到的地方的情況下，他們任意判斷對方的內心，若對方無法接受他們的分析，就說那是患者的抵抗。

但他們忽略了一件事，關係不是由一個人組成的。有毒關係裡存在著一種強烈壓力，會使犧牲者像無法思考、沒有情感的玩偶一樣跟隨著主導者。因為主導者的情感取代了犧牲者大部分的心理狀態，於是從犧牲者擺脫有毒關係的那刻起，就失去了行為與情感的標準，陷入極度混亂的狀態。若是毫不了解有毒關係強迫性的那一面，就說出這種草率客觀的忠告，在犧牲者聽來會是這樣的：

「你遇到的事終究都是你自己造成的，所以是你的責任。」

這無異於是對全身被綑綁、不知道自己在被誰打、正神智不清地遭受暴行的他們說：其實你潛意識中希望自己被綁起來遭受暴行。來自外界的協助微弱且運作緩慢，但身邊主導者的報復卻相當迅速且強烈，加上協力者對這種關係的真相睜一隻眼、閉一隻眼，或甚至是贊同。在這樣的情況下，即使掌握了犧牲者心理的神秘衝動，又有什麼意義呢？因為犧牲者的欲望從一開始就失去了立足之地，犧牲者本人說的話與行為也就無法產生任何影響。

對犧牲者而言，議論他們的選擇與責任，就像觀賞結果已經出爐的西洋棋賽，觀眾在比賽結束後才說選手當時棋子為什麼不這樣走一樣，毫無幫助。西洋棋選手只是在無法預測未來的情況下，走出每個當下最好的一步棋而已。場外夾帶著指責的訓誡並不是為了犧牲者好，不過是為了自己廉價的滿足感而有的言詞和行為。在那之中，既沒有對比賽的主角——犧牲者——的同理與尊重，也沒有對待他們傷口時所需的慎重。

越是常對他人講道德、講規範的人，就越容易情緒化並且以自我為中心

心裡有著長久傷痛的人，往往會有想向他人傾吐事實的衝動。這樣的衝動比想像中還強烈，因此即使是平常不太喜歡和別人聊天的人，只要偶然有機會提及自己的傷痛，就會相當情緒化地訴說自己的傷痛。因為人類存在著希望自己的情感在現實中得到認同的欲望。

如果對方是一位優秀的治療者或具備這種資質的人，那麼他會先站在對方的立場，盡量減少批評並加以傾聽。因為比起合理、不合理，正確、不正確，更要重視對方內心的平靜。假如此過程順利，受傷的人就可以全面性地認識自己，可以期待走向真心期望的方向，並更加信任自己。這是永久改變了心理治療方法

的卡爾·羅傑斯（Carl Ransom Rogers）所提倡的人本主義心理學精神。

但犧牲者遇到的大部分人都不是治療者。即使是把同理心掛嘴邊的人，實際上也經常隨心所欲誤以為自己知道能幫助對方的方法，而粗心地在傷口上撒鹽。當今社會對道德優越感的渴望越來越大，並且傾向透過批評他人來廉價取得道德優越感，在這樣的氣氛高漲下更是如此。犧牲者好不容易說出口的傷痛故事，很容易就成為他人道德優越感的糧食或攻擊來源。犧牲者被不認識他們的人無數次地要求自我反省，或強迫不要脫離社會的秩序。

「道德」與「善行」是不同的，道德是標準，善行是行動，兩者之間有相當大的差距。即使一個社會中有通用的共同道德標準，會被認定是善行的行為仍因所屬的團體有所不同，或因人而異。假如發生反社會型人格障礙的父親虐待女兒，以追求優越感或統治感等廉價的自我滿足，這時知情的母親根據與父親或女兒的情緒距離，可能會說：「為了家人就忍忍吧。」也可能會說：「馬上去警察局報案。」兩種不同的反應。無論選擇了哪種，母親都會認為自己的判斷是道德且正確的，因為人類是會合理化自己情感的動物。就算是叫女兒忍一忍的母親，假設她遇到和女兒一樣的情形，她也有可能做出完全不同於自己給女兒的道德判斷，並且同樣合理化這個判斷。

切記，無論是施加於你的道德標準與判斷，或是公開指責你行為的匿名惡意留言，在這些假裝是在客觀評斷你的意見與判斷的背後，都是他們的情緒。有時候，他們的道德判斷才是他們的情緒本身。如果有人對你的重要情感問題隨意地以道德或社會規範來指責你，或否定你正在經歷的問題本身，那並不是因為他們在道德方面比你優越。他們只是沉浸在自己的情緒中，忘了你也有情緒。

他人可能會那樣，所以他們才被稱作是他人，也因此你不能對自己那樣，不能忘了你才是擁有判斷權與自己情緒的主人。只有你應該尊重你自己，無須感到害怕。即使與他們意見不同而產生衝突和爭執，你也不要把他們背後的巨大社會真理當作敵人，進行以一敵百的鬥爭。和你對抗的始終只是一個人的想法、一個人的情緒而已。

別讓不夠格的人進入你的心

即使別人看不見，你的傷痛也確實存在。人類無法親身感受他人的痛，即使是相同的情形，也會根據是自己的傷痛還是他人的傷痛，做出完全不同的價值判斷。人類往往認為他人行為的原因在於他人的本性，自己行為的原因則在於環境。因此，即使你因無法忍受痛苦而做出不被社會認為是「正常」的選擇，即使聽到別人對此說了些什麼，你也不需要把他們的話當作絕對的真實，進而感到自責或羞愧。

當你獨自走在狹窄的道路上，你可能會因為沒選擇的那條路傳來許多人的聲音與腳步聲，就覺得他們走的路才是正確之道，自己則是走在錯誤道路上的邊緣人或逃亡者。但這是因為，你也沒辦法像他人一樣看到他們的傷痛。如果你認為是因為他人無法對你的心情感同身受，你才會獨自走在狹窄陰暗的路上，那麼你只會感到更加孤寂與辛苦。

你看不到，只是因為森林太茂密了，其實大家都獨自走在狹窄的路上。你聽到的許多人的腳步聲，並不是除了你之外的大家同行的聲音，而是大家都走在各自道路上的聲音。那聽起來好像除了你之外，許多人正一起聊天的聲音，其實只是每個人各自在路上的自言自語。即使有人嘲笑或批評你走的路不正常，也不是因為他們就是正確或明智的，只是因為他們也獨自走在狹窄陰暗的路上，並感到害怕和寂寞，才會那麼說的。因為他們認為這樣做，就應該可以稍微安慰自己難以承受的狀態。

你無法改變他們的想法，他們也無法改變你的感受。當初來的路不同，去的路也不同。因此，你必須一直取捨要讓誰的聲音觸及你的心。其實，這並不是「這麼做比較好」的問題，而是「必須這麼做」的問題。來者不拒地接受他人的聲音，你就會經常動搖。他人進入你心裡的聲音，可能使在路上只差最後一步、快累倒的你就此倒下，卻也可能使你邁出那最後一步。正因如此，熟練的衝浪選手會挑選海浪，你也應該要自己決定接受什麼、不接受什麼。

選擇允許什麼樣的聲音進入你心裡，重要的標準並不在於其正確與否，重要的是那聲音是否尊重你。我們無法變成他人，去仔細地觀察他的心，這即使是精神健康醫學科醫師或心理師等受過訓練的人也做不到。但我們可以假設他人的話語及行動中有我們眼睛看不見、被遮蔽的部分，加以尊重並等待判斷。假設對方的心裡有我不知道的部分，就要如同外科醫師小心翼翼地切除部分器官般，在切除的同時保留患者其餘部分。這是要了解那個人的真實時，最能深思熟慮地親近他，同時又讓他可以生存的接近方式。

這樣的接近方式與有毒關係主導者對待犧牲者的方式恰好完全相反。有毒關係的主導者與協力者是為犧牲者隨心所欲妄下結論，並要犧牲者適應；相反地，尊重犧牲者的人某種程度上，是站在犧牲者的立場上做判斷。有毒關係的主導者與協力者無法忍受犧牲者的情感與他們不同，即使要讓犧牲者屈服也要改變他們；但尊重犧牲者的人，認同犧牲者就是情感的主人。

令人悲傷的是，觀察有毒關係犧牲者或倖存者的生活，可以發現比起尊重，他們遇到更多的是主導者或協力者的聲音。即使並非如此，傷痕累累的他們別說得到周圍人的安慰和關心了，有時候甚至連傷痛的存在都不被認同，這是件令人傷心的事。除此之外，若是有毒關係的犧牲者在兩難之中選擇了和家人斷絕關係，或對公司秩序提出異議，部分不成熟的第三者就會誣陷他們是在危害社會秩序，或是認為他們做出了非人性的事，將這些當作不合於社會生活的行為，這種反應也是令人遺憾且不恰當的。

因此，我希望「有毒關係」能盡可能成為普遍化的概念。我希望他們困在異常關係中受苦的歲月與傷痛，得以被公諸於世並得到認同，最後並能讓大眾普遍認知到，使他們脫離這種關係是理所當然的。希望有一天這樣的世界會到來——受傷的他們不再為是否要揭露自己的傷口而猶豫不決，而且他們的傷口也理所當然地不會被隨意對待。

在那樣的世界到來之前，即使他人無法理解你的傷痛，或者你脫離有毒關係的行為被批評是在背叛家人或某個共同體，我也希望你不要太過焦慮不安。不需要因為他人不懂體諒的話或網路上的惡意留言，而感覺自己像是被定了罪般驚慌害怕，因為世上根本沒有什麼只有你被排除在外，而其他人都走著的明亮寬廣道路。那些自豪只有自己走的路才正確，以為可以看透他人的所有感受，而去貶低他人的傲慢道德自戀狂，背後其實只有比誰都還要寒酸狹隘的立場與情感。

儘管近代物理學之父伽利略因日心說而終生遭到宗教界迫害，他自始至終都是虔誠的天主教徒。他對抗的只是宗教，而不是神或上帝。你所對抗的也不是神、道德或什麼偉大的真理，只是一個和你一樣有著不完美個人情感的人而已。

因此，你可以更信任你的感受。你不是他們說的那種人。

連結——在有毒關係之外有真正屬於你的路

有毒關係的犧牲者們會想獨自一人

到目前為止我們了解到，圍繞著我們的人際關係中，什麼樣的關係對我們而言是有毒的，以及怎麼做才能夠在不毀掉自己人生的同時，切斷這病態的枷鎖。然而，把所有關係都當作是有毒關係是危險的，因為有毒關係只代表這段關係使犧牲者產生病態改變，而不是關係本身。

越是長期深受有毒關係所苦的人，就越會想逃避這段關係，而傾向獨自一人。因為他們一直以來為了躲避主導者不知何時會襲來的憤怒或侮辱，在不斷檢討自己的言行舉止。當然，雖然這樣的嘗試總是因為主導者瞬間變卦而變得白費力氣，但那也是犧牲者們在有毒關係中唯一能保護自己的方式，但這導致他們在其他人際關係中，也時時防備著可能會被侮辱或攻擊。因為維持這樣的防衛性心態是辛苦和寂寞的，所以對他們來說，接觸他人成了一件令人害怕又有壓力的事。

關係帶來的壓力有時可能會變質成過度敏感。有毒關係使你無法分辨他人發出的安全與不安全的訊號，也可能是你將他人不同於你的想法理解成攻擊或侮辱。這是因為比起別人，你很少有機會表達意見，或是你的情感很少得到尊重產生的現象。你也可能因爲執著於不會互相傷害的理想關係，導致誤以為和一個人的關係終止不只是單純的關係結束，而是被全世界拋棄的證據。有毒關係所留下的慢性痕跡，會使犧牲者認為這世界是不安全且充滿危險的地方。

儘管如此，你也必須和世界連結

許多憂鬱症或焦慮症患者想知道治療必須持續到什麼時候。

「醫生，我到底要來找你諮詢或吃藥到什麼時候呢？」

雖然我很想盡可能給出樂觀與充滿希望的答案讓他們開心，但我拋開個人私心，說出以下身為醫生的建議：

「假如你能夠在不過度煎熬的狀態下與世界建立連結，也就是可以進行某種程度的職場生活；即使還不完美，但能維持和朋友或家人的關係，而且這種關係不會引起異常的痛苦，那麼大概三個月，最晚六個月內就能結束療程了。但如果你現在還是會因為應對他人感到強烈痛苦，或是覺得很難和世界建立關係，想繼續在毫不接觸他人的情況下獨自生活的話，那麼治療就還需要持續一段時間。」

事實上，這答案中隱含了兩種意義。第一，治療精神疾病的最終目標是維持「與世界建立起連結的同時，不會過度煎熬的狀態」；第二，這種「與世界連結，但不會過度煎熬」是一種健康的狀態。我的這個回答經常令人失望，尤其對那些因為與他人的關係而嚴重受傷的人來說更是失望。因為這等同於那些因關係受傷的人，在治療中好不容易漸漸穩定下來之後，我又要他們再次跳進那段關係中。

守護自己，與世界連結——這是電影或小說等大眾媒體，為表達理想狀態或人生最終目標所定義的價值。因為附加在這些單字上的意象太過高貴，以至於聽起來就像是天堂或烏托邦一樣顯而易見且虛無，但其實這並沒有想像中那麼了不起。

我們不需要和連結的每一個人都建立理想的關係，當然，我們可能會和極少數的人成為獨一無二的好友，或是一輩子的伴侶和家人。然而，除了這些人之外，我們還會跟從親密到不關心，這廣大幅度裡某個位置上的無數人生活在一起。並不是關係不理想，就代表你和他們的關係沒有意義，或你的社交生活出了問題。

只要那不是有毒關係，大部分的人際關係都會為你帶來有價值的禮物。最直接的例子，就是精神健康醫學科醫生或腦科學家們稱之為愛情荷爾蒙的催產素。腦下垂體所分泌的催產素起初被認為是與分娩有關的荷爾蒙，但現在發現催產素在包含人類在內哺乳類動物的社交行為中，也廣泛相關。在我們親密地觸碰某人、與某人對話，以及對某人的信賴加深時，就會分泌催產素。催產素可以緩解我們的壓力、焦慮與疼痛。

對於被社會孤立的人而言，他們的催產素系統是無法正常運作的。簡而言之，人若是長期獨處，就會變得悲觀、容易焦慮不安、對疼痛變得脆弱，甚至感受到未曾有過的疼痛。沒有家人、親戚或職場生活的人，在某種程度上，就自然而然容易產生酒精中毒或濫用止痛藥的症狀。因為光是一個人獨處，他們所感受到的不幸和不安的傷痛就比一般人還多。若催產素系統無法正常運作，抗憂鬱劑的效果也會大大下降。換句話說，社會孤立既是使人憂鬱的因，也是果。

幾年前，一位憂鬱症患者聽了我在演講中的這段解說後，在幾天後來到我的診間，傾訴了她和母親之間駭人的關係。

「醫生，你的解說乍聽之下雖然沒有錯，但對像我這樣的病人來說，其實是沒什麼幫助的。因為我口才不好，沒辦法和其他人快樂聊天。當然，『吃飽了嗎』、『最近過得好嗎』，這種日常對話還是可以，但我從來沒有透過聊天感覺到很喜歡某個人，或是加深對對方的信任。」

我向她說明了行為科學家尼可拉斯．艾普利（Nicholas Epley）與朱莉安娜．施羅德（Juliana Schroeder）於二〇一二年發表的研究。他們將搭乘火車與公車通勤的人分成三組，讓第一組在上班途中和旁邊的陌生人聊天，第二組不能和任何人聊天，第三組則是照常行動。這三組中，和陌生人聊天的組別感覺心情最好。另外，在其他實驗中，精神醫學家珍妮佛．布朗（Jennifer L. Brown）與大衛．謝菲爾德（David Sheffield）等人，在給予受試者痛苦刺激的同時，讓其中一組人和朋友或不認識的人坐在一起，另一組人則是獨自一個人坐。結果發現，和別人一起坐的組別感受到的疼痛最小，無論坐在他們旁邊的是朋友或是陌生人。

講解完實驗後，我接著補充：

「如果能夠和所愛之人一起度過每分每秒，或能夠喜歡上遇見的所有人，那就再好不過了。但要每分每秒愛著所有人，是不可能的事。儘管如此，希望妳不要認為那些雖然不知道和妳是什麼關係，但不會對妳造成太大傷害的人，對妳來說是沒有價值的。即使他們沒有熱烈喜愛妳，或你們沒有成為彼此特別的存在，但只要在一起、聊天、交流意見，妳就能幫助到他們，他們也能幫助到妳。因此，請不要與他們疏遠。關係不完美也沒關係，只要以妳感覺舒服的距離待在他們旁邊，那就夠了。」

還不錯的關係，就夠了

近年來精神醫學與心理學的普及化現象，英文「good enough mother」（夠好的母親），在韓國社會也成了某種普遍的概念。比起有無疾病，更注重健康心理成長的英國精神醫學家唐諾．溫尼考特（Donald Winnicott），概括其理論的「夠好的母親」概念，意指最適切反應孩子心理成長與發展的養育者。此概念在精神醫學史上占有相當重要的地位，但另一方面，卻讓許多誤解此概念的母親產生了想成為好母親，就必須完美地對子女「在精神層面做到這種程度」的強迫與愧疚。

這幾乎是完全誤解了溫尼考特的想法，夠好的母親（good enough mother）絕對不是完美的母親。從整體脈絡來看，此概念更接近於「沒有毒性因素」的母親，或「不會妨害」孩子成長的母親。

有毒關係的概念也與此相似。有毒關係是必須避開的關係，這種關係下的某人毫不遲疑地做出能徹底破壞一個人人格與靈魂的言行舉止，而對方容忍這種行為並失去抵抗的力量，連脫離都不敢想。然而，非有毒關係也不代表就不會有任何傷害，是彼此沒有衝突的潔淨關係。就算是非有毒關係，裡頭的人也會挫折與受傷。因此即使我們人生中遇到的關係都具有某些負面因素，也很難就此妄下我們必須斷絕人生中所有關係的結論。

溫尼考特之所以強調要當不會控制過頭的母親，是因為他相信孩子只要透過自律及欲望與世界建立關係，就能健康地成長。因此，孩子需要的不是好（good）母親，而是無毒（non toxic）母親。人際關係也是如此。只要不是像有毒關係一樣的惡性關係，所有關係無論以何種形式，對人都會有所幫助，並使人變得強大。人類就是被設計成這樣的。本書說明有毒關係，是為了讓讀者認識並避開這種阻止人類成長、反而使人倒退的破壞性與悲劇性關係。我們雖然必須避開和有毒關係一樣對人產生毒性的「絕對不好的關係」，但不能連那以外的關係都逃開。

關係的狀態並不完美也沒關係。你活著無法只和完美的人建立完美的關係，只要你們之間的關係不是有毒關係就好了。除了有毒關係以外的所有關係，一定都會讓你得到些什麼，或成為促使你成長的契機。孩子需要的不是完美的母親，而是無毒的母親；你需要的也不是完美的關係，而是還不錯的關係，這樣就夠了。

必須連有毒關係的痕跡都抹去

有毒關係所留下的傷口無法輕易撫平。患者在診療室和專家一起辛苦完成的重要洞察與自我理解，往往在離開醫院之後，到家之前就消失了。犧牲者只要一與主導者再次相遇，以前的狀態就會瞬間回來，並重新感受到不想再感受的恐懼與負面情緒，重複一模一樣的負面模式反應。這即是前面提過負面狀態的恆常性「穩態應變」。它就像被很多人踩過後自然形成的路一樣，長時間刻在人身心上的那些痕跡不會輕易消失，如果你不去特別做些什麼，那條路只會越來越堅固與寬廣。

現在，你連那痕跡也必須抹去。你必須開闢一條比起有毒關係產生的那條使你荒廢的道路，更鮮明和廣闊的新道路。為了不再讓自己繼續走在有毒關係所殘留的路上，你必須慢慢用土填平那條路，並鋪上草皮，恢復它原本的狀態。但這過程不是你一個人在房裡就能做到的，就如你的傷口是在關係中刻劃出的一樣，新的道路也只能在關係中被開闢出來。有毒關係的治癒，必須在世界中才能完成。

當然，即使結束了有毒關係，你所遇到的世界也不會只有善意。有人喜歡你，也有人毫無理由地和你保持距離；有人不計回報地幫助你，也有人把長期的傷痛投射在你身上，憎恨或指責你。你也是如此，你會激烈地愛著某個人；相反地，也會討厭或害怕某個人。即使只是自我滿足，你也會不計回報地為了某人付出；有時候，即使對方沒有對你造成傷害，但只要和他在一起，就會對你的傷口或匱乏造成刺激，所以你也和他保持距離。這些都將成為為你洗去有毒關係殘留毒素的過程。

你所遇到的所有人際關係，都會讓你感受到些什麼，也會讓你採取某些行動。如果有人不計回報地對你好的話，那將帶給你寶貴的感謝經驗，同時使你肯定自己的內在可能擁有某種價值或優點。這樣的經驗將減少你對未來遭遇未知關係時的不安，讓你對自己感到安心與自信；透過意識到有人毫無理由地與你保持距離的經驗，你可以感覺到除了你以外，這世上也給其他人留下了疼痛的傷口。這樣的經驗會讓你發現，他人好像很了解你般隨口說出的批評，絕大部分其實都是他們自己的問題。

透過和對你釋出善意或至少對你沒有惡意的人一起度過穩定日常的時間，

你會將「不用太費力、就這樣安逸自在也沒關係」的事實刻印在身上。就算沒有和那之中的誰建立起互信互愛的關係，這種經驗也會讓你恢復對世界的信任。只要恢復了對世界的信任，人就能適時地放心休息，並在需要發揮真正能力時，以最佳的狀態面對，而且只有當這點被滿足了，你才有機會遇到充分信任與愛你的人。

藉由與對你有惡意或侵犯你權利的人爭執、吵架、疏遠，然後調整心情的過程，你會明白自己不會因為對方的幾次無禮，就永遠淪落到被他們剝削的命運；相反地，即使你和一些人因為意見不同而導致氣氛惡劣、關係結束，你的人生也不會就此結束。你會發現，面對世上的各種無禮，你不是雙手被綑綁、等著被獻給海神的祭品，而是划槳避開風浪，對抗海盜的冒險家。

你不是走在有毒關係所開闢的道路上；相反地，你肯定是走在新關係刻劃出的所有道路上。大部分時間裡你會走在地圖沒有畫出的道路上，你可能會多次感到徬徨、苦惱和害怕，很偶爾才能忘記一切，並感到快樂與有意義。然而，如果你突然回頭看看一路走來的痕跡，你就可以發現，其實專屬於你的選擇與願望正牢牢坐落在過去的所有路上，形成某種堅定的方向。

那就是「我」。不是你待在什麼也沒有的洞窟裡，腦海中想像的「我」；而是和世界激烈地建立關係，受世界影響並得到反饋後，去對待與克服這個你所領悟到的世界的，真正的「我」。在你所開闢的堅固道路旁，你脆弱時曾經受傷流淚勉強走過的那條路，現在只剩下非常模糊簡陋的痕跡，必須非常仔細盯著看才能找到。當你與世界建立起其他關係時，有毒關係所留下的影響就只剩那樣了，而且那些殘留的痕跡也很快就會消失。

這一切都是只有當你沒有放棄世界時，才能獲得的禮物。我接受人生並投入這世界的原因，不是為了拯救世界，而是為了拯救我自己；你忍著傷痛徘徊於世界的原因，也不是為了找到正確的道路，而是為了親自走上你想要的那條路。如果有必須相信他人、不放棄他人並愛著他人的理由，那就是我的所作所為不是為了他人，而是為了自己；不是為了世界，而是為了我。即使是被有毒關係傷害過的你，也不應該放棄這個世界。

存在——讓你的心為你自己跳動

殘酷且奇怪的關係非常普遍

男孩的外表看起來和其他學生沒什麼兩樣，穿著和其他學生一樣的制服，在同樣的教室上同一個老師的課。然而，男孩始終和其他學生是不對等的。幫個子較高大的男同學跑腿、任他隨心情挨揍、被捉弄，教室裡分明存在著階級制度，男孩就是那之中最下層的人。男孩的同學們與老師們都喜歡個子高大的男同學，沒有任何人提及他對男孩做出的行為。他們並不是沒有眼睛，所以看不到暴力現場，也不是個子高大的男同學威脅他們要站在自己那邊。真相更令人感傷，他們是忘了男孩和自己擁有一樣的心與情緒，和自己一樣被拳頭揍的話會痛，被侮辱的話會傷心。男孩從頂樓縱身而下，徹底離開那段關係與自己的人生後，人們才開始稱男孩為受害者。但男孩從很早以前開始，就已經是被害者了。

當她的母親沉醉在自我情緒中並激烈地辯解時，她必須擔任觀眾；母親對世界感到憤怒時，她必須表示贊同。在母親的朋友面前，她必須扮演母親完美的戰利品。為了母親，她必須扮演一切，除了她自己以外。每當她無法繼續忍受而出聲時，母親就會開始責備她、孤立她、動手打她。等這段野蠻的時間過去，她的母親接著會開始合理化暴力：「是為了妳好才這樣。」、「過去的事沒有辦法，但重要的是未來，不是嗎？」即使她直覺母親絕不會改變，但仍決定繼續留在母親身邊。雖然她自己也不知道她是因為愛母親、是因為害怕大喊大叫與暴力，還是因為怕被指責為不孝女。

有些關係很常見，但同時狀態也很奇怪。這種關係覆蓋著不透明的圓頂，從裡面看不到外面，從外面也看不到裡面。在這樣的關係裡，人失去了正常的感受。雖然人本來就會互相交流情感、互相傷害，但在這樣的關係裡，情感和傷害都只朝著一個方向移動。主導者投射而協力者贊同，犧牲者一開始覺得不合理、委屈，而且氣得發瘋，但不久之後，無論是反抗的力氣或欲望都消失了，最後連自己是為了什麼受煎熬都不知道。

因為看不到圓頂之外，犧牲者即使受傷流血，也以為本來就該如此；因為看不到圓頂之內，外界無從得知裡面的情形。圓頂之內無法改變，圓頂之外也無法幫忙。想要結束這殘酷的狀況，圓頂內的犧牲者只能自己走出圓頂了。

絕不能冷眼旁觀這世界的不合理

人們應該相愛，尤其是在家庭、學校或職場等地方，越是近距離相處的人，越要為彼此著想和理解彼此。愛應該是沒有區別的，比起自己想要的愛，更應該要把對方想要的愛擺在前面，尤其是越脆弱的弱者，就越應該被愛。但這只不過是理想，如同意指理想國的「烏托邦」一詞，其語源是「世界上哪裡都沒有的地方」一樣，充滿愛、理解與自我犧牲的關係，在現實中也是幾乎不存在的。我們活在的這個世界是不完美、不公平，而且充滿不合理的。

父母對子女不公平的愛也很常見。即使是相同父母所生的孩子，有些人僅憑著出生順序或性別就獨占了家裡所有支援與情感上的支持；有些人則只能得到很少的支援，除了得不到任何情感上的支持，同時還要為父母愛著的其他兄弟姊妹犧牲自己的人生。公司也會不公正地評價員工，貢獻最多的員工，不一定就能得到報償；有時候比起最優秀的下屬，你的主管更信任不會激起他恐懼與匱乏的下屬，之後再加個合理化的荒謬理由。這種事雖然是很難認同且不合理的，但在現實中卻經常發生。

如果幸運地沒有成為這樣不合理的犧牲者，你可能一輩子連這種問題存在都不知道，並相信世界是充滿善意的；但若不幸地成為這不合理的犧牲者，那麼你的人生會打從一開始就懷著挫折與放棄。更糟糕的是，在犧牲者所屬的共同體中，除了犧牲者以外的其他人不會受到任何傷害，或是多虧了犧牲者背地裡的犧牲，他們內心的問題可以得到暫時的安慰。因此即使知道現在的狀況並不合理，他們也不想把它當作是問題。犧牲者在犧牲的同時，其犧牲也不被認同。結果為了維護共同體，犧牲最多的人反而成了最有問題的人。

人們會對正視自己所屬社會裡的不合理感到不適。就如梅爾文・勒納（Melvin Lerner）在「公正世界理論」中強調，比起承認世界的不合理，人們更常責備身處困苦中的人，他們的個人特質。因為唯有如此，自己才能更容易感到安穩。最終，父母無差別和無限的愛、手足之間無條件的友愛、老師偉大的犧牲、人類無窮的善意等，這些在現實中並不存在的理想關係，就如信仰般被視為是神聖的。若有人對此產生質疑，那麼他的人格也將受到質疑和指責，彷彿他質疑的這個行為本身就是錯的。因為人們只要自己沒有受到直接的傷害，就不希望自己的心裡感到不舒服。

然而，即使假設人類是充滿善意的，世上也存在著無法解釋的不合理與不應該發生的事。尤其是在人與人之間，有些關係表面上看起來美麗善良，但往裡面一看卻充斥著暴力與痛苦。因此，我們應該不顧內心的不適，挑戰去揭開這種關係的結構與真相。在那些顧著自己不自在，和因為沒當過犧牲者所以不想掀開的漂亮包裝紙之下，是害怕到連話都說不出口、被人們圍繞依然感到寂寞、不是自己的錯卻還是自責、把痛苦當成自己的命運而備受煎熬的犧牲者，我們應該去找出他們生了病的心。

詞彙為反映人類的現實而生，但有時候與此相反，一個詞彙會乘載各種複雜微妙的感受與現象，然後散播開來，重新反映人的內心。「有毒關係」此一新的名詞是隱含著這樣的期望所創造出來的。這不是為了證明人類的愛多麼沒有價值，也不是為了強調人類有多麼惡劣，以致世上所有關係都毫無價值。就如影子突顯了光，我想藉由這個名詞告訴大家，在健康的關係裡，你可以比現在還要幸福。我想告訴你，和你所想的不同，你一直以來都是非常好的人。

因此，我想再次強調，有毒關係肯定是存在的，而且你必須擺脫它。把一切傷痛拋在腦後，朝你的人生邁進吧。

不該適應的情緒

人類是被動的存在嗎？現在不幸的人，是帶著不幸的命運出生的嗎？我們是被綑綁著四肢、蒙著雙眼，等待厄運繞過我們後，幸福找上門來的那種存在嗎？學者們的研究結果與歷史的諸多事實都證明了，人類絕不是那樣的存在。

然而，你的心卻往往脫離控制，讓你驚慌失措。它喚起現實中不存在的恐懼，使你的雙腳動彈不得；它喚起犯錯的罪惡感，使你安於痛苦之中。你會把他人的情緒視為自己般地去感受，也可能誤把他人眼中的自己當作是你的真實模樣。因為我們的心喜歡讓主人察覺不到它的存在。

雖然心透過與他人溝通而變得清晰，但有毒關係卻使我們比起自己獨處時，更加無法意識到自己的心。恐懼、孤立無援、愧疚，這些是有毒關係掩蓋我們心的方式。雖然我們是能適應所有環境與情感的存在，但有毒關係所喚起的這些感受，是我們絕對不該適應的。我們應該立即起身、採取行動並有所反應，而不是痛苦地坐以待斃。

恐懼是一條綑綁著你的鐵鍊。主導者動員所有可能的恐懼，把犧牲者綑綁在原地。雖然最常採取的是暴力，但有些人也以間接的方式激起犧牲者的恐懼。他們為自己的自私披上習慣、道德與正義的外衣加以偽裝，若不聽從他們的話，他們就會威脅你，說你會被全世界拋棄。

任何一次的暴力、一次的威脅，你都不能屈服。若是被發現你害怕他們，他們便會採取更多的暴力與威脅輕易地控制你。你必須抵抗，接著讓外界知道，而且不斷讓他們感到不自在。

他們之中的有些人會孤立你。如果你脫離他們所定下的範圍，或試圖與他人展開新的關係，他們會責備你是背叛者，並想盡辦法拆散你和那個人。在孤立的團體中，他們也可能動員協力者再次孤立你，採取雙重孤立戰術。連你身邊中立的人，都可能變成和主導者站在同一陣線的協力者。假如身邊的所有人都把你視為沒有心靈與權利的存在，最後就會連你自己也無法相信自己的情緒。失去主人的情緒會漸漸感到痛苦，很快地你將關上耳朵，不再傾聽自己內心的聲音。

所以你的心不能失去活力，必須不斷拓寬活動範圍，必須時時將目光放在你所處的位置之外。不能讓演化送給我們的結實雙腿，退化成如尾椎骨般的痕跡器官。去見見新的朋友、參加新的團體，如果你在現在所處的環境中撐不下去的話，你必須做好可以移動至下一個地方的準備。即使無法和所有人都建立起完美的關係，但只要不是有毒關係，大部分的相遇都能帶給你力量。擺脫孤立、為了生存走向下一個地方，這並不是對傳統或人類社會的背叛，而是人類歷經數千年鬥爭後所獲得的真實人性。

也有人會試圖使你感到愧疚，但愧疚並不是類似自我檢討、謙虛、自愛的情感，反而像酒精或毒品一樣具有毒性。它活化我們大腦的補償中樞，進而拖延心靈在現實中解決問題的速度。感到愧疚的人想得比誰都還要多，但卻比誰都還要更少付諸行動。他們像是想證明自己是可憐、悲慘、糟糕的存在，只接收世界負面的訊號，總是在貶低自己，連周遭人伸出的援手都不予理會。

假如有人有意誘使你感到愧疚，那麼你應該和他們保持距離。他們不是因為愛你才想讓你感到愧疚，他們也不是因為相信愧疚能引領你走向更好的人生。

他們是希望你無法脫離他們的影響，並永遠受他們控制。然而，你絕對不是他們口中所說的那種人，不要去習慣也不要去接受，請不停地抵抗與行動。你必須擺脫無力與絕望，找回你另一半的心。那是有毒關係主導者用盡各種方法想從你身上抽離，卻始終奪不走的另一半的心——「行動的心」。

讓你的心連你的現實都能改變

就像我們看不清自己的內心一樣，內心的傷口也是不容易看清楚的。即使我們抱著一顆受傷的心，也能到處走動、上班工作或念書，所以我們很容易以為心隨時都是功能正常的完美之物。但心比我們想像的還要不完美，很容易就破碎。要是最基本的條件不足，心就罷工；若持續受到負面的刺激，心就會變質以致無法恢復，最後崩潰。因此，你必須好好對待你的心。

到目前為止，你的心都未能受到好好對待。有毒關係使你的人生成了他人處理情感的出口，但你的整個人生以及目的，都應該要用在你自己身上。有毒關係使你承受了在一般社會中絕對無法容許的暴力與虐待，但暴力與虐待應該是要被阻止與根除的，你不能待在原地忍受。有毒關係使你誤以為他人眼中的你就是你真正的樣貌，但你並不是一成不變的存在。透過反映自己於世界之中，再接受反映出的容貌，你的本質不斷地在改變。

許多書籍或理論會分析與安慰人的心，並討論該如何才能好好適應所處的環境，但這些都只談及了一半的心。那些書中所說的人類彷彿無法脫離所處環境前往其他地方，是生活在原地、不會變動的存在。然而，心真正的力量並不在於適應世界、忍受痛苦，人心原本存在的目的，是讓主人意識到自己真正想要的，並靠著自己的雙腳，朝那清晰浮現的渴望前進。

真正健康的心應該連圍繞著自己的現實都能改變。如果你的心與現實脫節，只對你自己產生影響，讓你不想要不幸、只期待著好運降臨，那麼你只使用了一半的心。這不是「活著」，而是「背負活著的狀態」。相反地，比起情感受人認同，即使受到身邊所有人反對與否定，你也要意識到自己的真實情感。不是竭盡全力以求被愛，而是全心全意、全力以赴地積極去愛這個世界，這才是「活著」。

因此不只是背負活著的狀態，而是必須要有所行動才行。當然我明白，違反慣性去讓一直以來習慣的事回歸原點、不顧身邊的人反對去以新的方式生活，都是痛苦的事。然而，假如你現在正因為關係而遭受不幸，假如你不管怎麼做，都看不見改善現狀的希望，那麼我不會在你身旁溫情勸說，要你習慣絕望、放棄與不自由。我會告訴你，你還沒看見的內心與世界是什麼樣的結構；我會扶你起身，然後我們一起看向遠方。

現在的你眼中看不見任何希望，這只意味著一件事：

「現在的你，必須朝著希望前進。」

附錄

有毒關係檢測表

1. 主導者因素

從現在開始，你將回答一些你與身邊某個人關係的問題。請仔細閱讀以下五個問題，並選出符合的選項。接著計算你所選的分數總和，將分數寫在第三百三十二頁的表格，和標記在雷達圖中的軸上。每題的選項如下：

0. 完全不符合　0分
1. 偶爾符合　1分
2. 有時符合　2分
3. 經常符合　3分
4. 總是符合　4分

第一題、當你與他屬於同個團體時，在你們兩人的關係裡，他比你更具有壓倒性的影響力。

0. 完全不符合
1. 偶爾符合
2. 有時符合
3. 經常符合
4. 總是符合

第二題、你與他的關係，屬於普遍社會觀念或組織內紀律方面中的上下關係。

0. 完全不符合
1. 偶爾符合
2. 有時符合
3. 經常符合
4. 總是符合

第三題、當他對你有（以普遍性、社會性標準而言的）錯誤或無禮行為時，他有不承認、否認或合理化的傾向。

0. 完全不符合
1. 偶爾符合
2. 有時符合
3. 經常符合
4. 總是符合

第四題、他把你的時間、機會、金錢、自由都當成是自己的，而且實際上他也這麼認為。

0. 完全不符合
1. 偶爾符合
2. 有時符合

3. 經常符合
4. 總是符合

第五題、在你與他的關係中，他不認為你和他是同等的；換句話說，他不認為和你適用同一套規則或禮儀規矩。

0. 完全不符合
1. 偶爾符合
2. 有時符合
3. 經常符合
4. 總是符合

主導者軸總分：＿＿＿＿

2. 犧牲者因素

第六題、儘管你遭受到他不當或非人性的對待也無法抗議。即使抗議了，也感覺像是自己做錯了事，或是因此感到內疚。

0. 完全不符合
1. 偶爾符合
2. 有時符合
3. 經常符合
4. 總是符合

第七題、儘管你遭受到他不當或非人性的對待，你也感覺身邊的人好像不會幫助你。

0. 完全不符合
1. 偶爾符合
2. 有時符合
3. 經常符合
4. 總是符合

第八題、你感覺在同一個團體裡，不適用於其他人或別人不會遭遇到的不當和非人性對待，只會發生在你身上。

0. 完全不符合
1. 偶爾符合
2. 有時符合
3. 經常符合
4. 總是符合

第九題、在同一個團體裡，只有你沒有被給予所處位置上應該有的權威、好處或角色。

0. 完全不符合
1. 偶爾符合
2. 有時符合
3. 經常符合
4. 總是符合

第十題、對於他施加於你身上的不當待遇或暴力，你似乎擺脫不了並感到無能為力。

0. 完全不符合
1. 偶爾符合
2. 有時符合

3. 經常符合

4. 總是符合

犧牲者軸總分：＿＿＿＿

3. 協力者因素

第十一題、「和你與他屬於同個團體的其他人」，默認或幫助他對你的不當或非人性的對待。

0. 完全不符合
1. 偶爾符合
2. 有時符合
3. 經常符合
4. 總是符合

第十二題、「和你與他屬於同個團體的其他人」，參與他對你的不當或非人性的對待。

0. 完全不符合
1. 偶爾符合
2. 有時符合
3. 經常符合
4. 總是符合

第十三題、「和你與他屬於同個團體的其他人」，雖然以普遍社會觀念來看與你處在同等位置，但實際上他們認為自己的地位或權限比你高，並且也根據這樣的認知行動。

0. 完全不符合
1. 偶爾符合
2. 有時符合
3. 經常符合
4. 總是符合

第十四題、對於他施加於你的不當或非人性的對待，「和你與他屬於同個團體的其他人」，認為若那是為了整個團體好的事，就無可奈何或是應該被容許。

0. 完全不符合
1. 偶爾符合
2. 有時符合
3. 經常符合
4. 總是符合

第十五題、「和你與他屬於同個團體的其他人」，認為你在團體裡遭受到的不當或非人性的對待是因為你的錯，即使事實上並非如此。

0. 完全不符合

1. 偶爾符合
2. 有時符合
3. 經常符合
4. 總是符合

協力者軸總分：＿＿＿＿＿＿

4. 孤立性與持續性因素

第十六題、你和他長久以來屬於同個團體，或者必須在一定程度以上的時間一起同處於密切的環境裡。

0. 完全不符合
1. 偶爾符合
2. 有時符合
3. 經常符合
4. 總是符合

第十七題、在其他關係或以基本社會觀念上看來，嚴重背離道德或侵害基本人權的事，卻發生在你和他之間。

0. 完全不符合
1. 偶爾符合
2. 有時符合
3. 經常符合
4. 總是符合

第十八題、他或協力者積極嘗試阻擋，不讓外界知道你正遭遇到不當且非人性對待。

0. 完全不符合
1. 偶爾符合
2. 有時符合
3. 經常符合
4. 總是符合

第十九題、他絕對不承認你和他的關係產生了改變。

0. 完全不符合
1. 偶爾符合
2. 有時符合
3. 經常符合
4. 總是符合

第二十題、他無法接受或積極妨礙你和其他人建立密切或親密的關係。

0. 完全不符合
1. 偶爾符合
2. 有時符合
3. 經常符合

4. 總是符合

孤立性與持續性軸總分：＿＿＿＿

5.暴力性因素

第二十一題、他隨自己的心情非人性地對待你，無論你是否有做錯事。

0. 完全不符合
1. 偶爾符合
2. 有時符合
3. 經常符合
4. 總是符合

第二十二題、他對你使用了若是別人會無法容忍的辱罵、嚴重的人格批評，或是含詛咒之意的話語。

0. 完全不符合

1. 偶爾符合
2. 有時符合
3. 經常符合
4. 總是符合

第二十三題、他徒手或使用工具傷害你的身體，或以打算施暴的態度來威脅你。

0. 完全不符合
1. 偶爾符合
2. 有時符合
3. 經常符合
4. 總是符合

第二十四題、他為了操控你，使用在其他正常關係中無法被容忍的手段，促使你感到愧疚或企圖使你感到混亂。

0. 完全不符合
1. 偶爾符合
2. 有時符合
3. 經常符合
4. 總是符合

第二十五題、他以個人的理由剝奪，或威脅要剝奪你生存或生活所需的要素（住宿、伙食、工作等）。

0. 完全不符合
1. 偶爾符合
2. 有時符合
3. 經常符合

4. 總是符合

暴力性軸總分：＿＿＿＿

6. 填寫總分

〈總分〉

請在左方表格中填入上述五項因素的分數，並在雷達圖上標記各項分數，再將每個分數以線連接起來，完成五角形。

主導者軸總分	
犧牲者軸總分	
協力者軸總分	
孤立性與持續性軸總分	
暴力性軸總分	

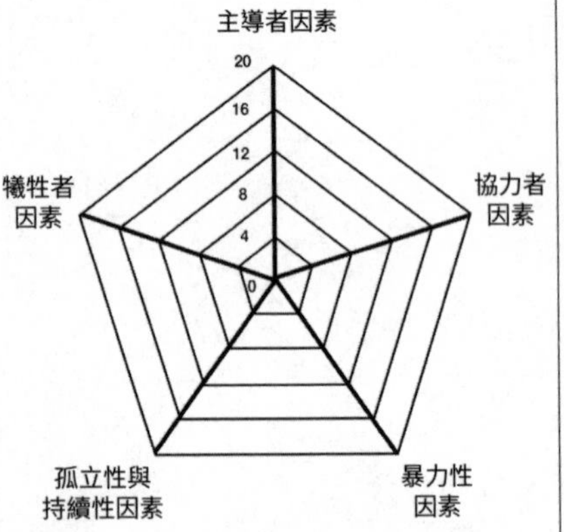

＊假如有三個軸的總分超過十二分，這段關係就很有可能屬於有毒關係。
＊假如暴力性軸的總分超過十二分，即有必要盡速脫離與對方的關係。
※目前尚無經過準確統計測試後的研究結果，此圖表僅供參考使用。

〈範例〉

請在左方表格中填入上述五項因素的分數，並在雷達圖上標記各項分數，再將每個分數以線連接起來，完成五角形。

主導者軸總分	犧牲者軸總分	協力者軸總分	孤立性與持續性軸總分	暴力性軸總分
17	14	4	20	18

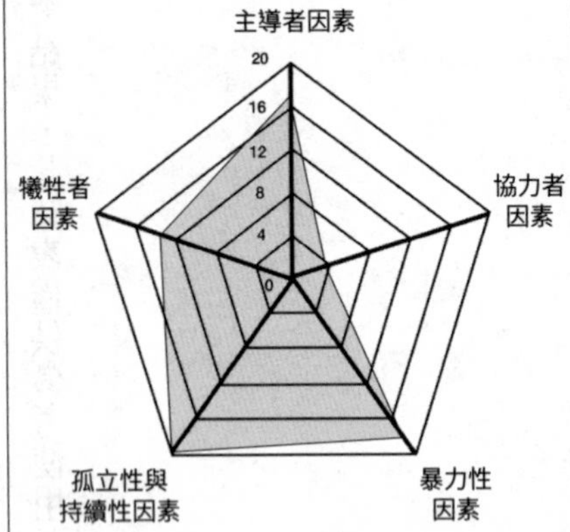

＊假如有三個軸的總分超過十二分，這段關係就很有可能屬於有毒關係。
＊假如暴力性軸的總分超過十二分，即有必要盡速脫離與對方的關係。
※目前尚無經過準確統計測試後的研究結果，此圖表僅供參考使用。

國家圖書館出版品預行編目資料

有毒關係：獻給雖然痛苦到想死，卻無法斷絕關係的你 / 權純載 著；邱琡涵 譯. -- 初版. -- 臺北市：平安文化有限公司, 2022. 10
面； 公分. -- (平安叢書；第735種)(Upward；138)
譯自：이제 독성관계는 정리합니다
ISBN 978-626-7181-18-8 (平裝)

1.CST: 人際關係 2.CST: 應用心理學

177.3 111014854

平安叢書第0735種
UPWARD 138

有毒關係

獻給雖然痛苦到想死，卻無法斷絕關係的你

이제 독성관계는 정리합니다

作　　者—權純載（권순재）
譯　　者—邱琡涵
發 行 人—平　雲
出版發行—平安文化有限公司
臺北市敦化北路120巷50號
電話◎02-27168888
郵撥帳號◎18420815號
皇冠出版社（香港）有限公司
香港銅鑼灣道180號百樂商業中心
19字樓1903室
電話◎2529-1778　傳真◎2527-0904
總 編 輯—許婷婷
執行主編—平　靜
責任編輯—蔡承歡
美術設計—嚴昱琳
行銷企劃—蕭采芹
著作完成日期—2021年
初版一刷日期—2022年10月

法律顧問—王惠光律師

讀者服務傳真專線◎02-27150507
電腦編號◎425138
ISBN◎978-626-7181-18-8
Printed in Taiwan
本書定價◎新臺幣380元/港幣127元